OS EFEITOS EXTRAPENAIS *DELETUM SOCIALI* NA ERA DA INTELIGÊNCIA DIGITAL

Gabriel Carvalho dos Santos

Lhais Silva Baia

Gabriel Carvalho dos Santos; Lhais Silva Baia

SANTOS, Gabriel Carvalho dos; BAIA, Lhais Silva. **Os efeitos extrapenais *deletum sociali* na Era da Inteligência Digital.** – *Seattle: Independently published* - Selo editorial da Amazon, 2019.

70 p.

ISBN: 978-10-9341-008-2

À Deus, pela benevolência em nos conceder esta oportunidade.

Aos nossos pais, Marcio e Silvana; Miguel e Rosely, pelo apoio incondicional.

Aos nossos irmãos Nathalia; Cinthian e Danilo, pelo encanto e apoio.

À Deus, por todas as graças que nos concede e, em especial, por esta oportunidade.

Aos nossos pais, que nunca mediram esforços em nossas formações pessoais e intelectuais.

Aos nossos queridos irmãos, que nos acompanham e protegem.

À Professora Bruna, pelo entusiasmo, apoio e enriquecedora participação.

EPÍGRAFE

Os símbolos de hoje possibilitam a realidade do amanhã. Observe as suásticas e os outros sinais do ódio. Não desvie o olhar, nem se acostume com eles. Remova-os você mesmo se dê o exemplo para que outros também o façam.

Timothy Snyder

NOTA AO AUTOR

Caro leitor, à primeira vista, estas páginas podem lhe parecer estranhas e desconexas com a realidade, causando-lhe um estranhamento. Todavia, a humanidade está evoluindo constantemente e em breve a vida com outros indivíduos será inevitável. Deves entender que o futuro é um universo com várias portas e, neste momento, este livro lhe dará uma chave para abrir uma destas entradas.

Portanto, desfrutes destas páginas com o entendimento que retratam o presente de um futuro cada vez mais próximo. Em outras palavras, reflita e desfrute desta aventura sabendo que retrata o futuro do convívio da humanidade, contudo, discorrendo, no tempo presente, a narrativa de tal realidade.

PREFÁCIO

A ordem jurídica está intimamente ligada ao âmbito social, com a qual mantém uma relação de interdependência. Por conseguinte, a sociedade torna-se algo imprescindível, inclusive, para a estruturação do próprio mundo jurídico, adicionalmente, em virtude do processo evolutivo, a humanidade necessita da reestruturação do seu processo vivencial, passando a conviver com outros seres. Neste tocante, encontra-se a inserção da Inteligência Digital no contato humano.

Todavia, algumas manifestações da sociedade contemporânea e no, provável futuro, não são compatíveis com o quadro de valores fundamentais, sobre os quais se assentam as mais diversas searas jurídicas. Destarte, o indivíduo que não se enquadra nos parâmetros estabelecidos socialmente é considerado como um membro inadequado, marginalizado na representação daquele convívio, não sendo considerado por determinada sociedade.

Neste ínterim, há o surgimento da segregação social, estendida à Inteligência Digital, especificamente, aos indivíduos robóticos que não se enquadram nos parâmetros sociais, estabelecidos junto com a nova Era Tecnológica, o que leva o Estado Democrático de Direito à uma necessidade de reinvenção e, ao mesmo tempo, reafirmação das próprias bases.

Mesmo após as diversas evoluções ocorridas ao longo

da história, verifica-se um vácuo humanitário, reestruturando a estamentalização. A realidade da chamada estamentalização social e da segregação social são exemplos de situações que tem conduzido o Direito ao enfrentamento de tempos sombrios. Portanto, é imprescindível a abordagem destes elementos, entendendo a evolução histórica, suas características, problemáticas e interferências no atual Estado Democrático de Direito.

Assim sendo, as estruturas que pareciam ser imutáveis estão sendo modificadas pelas transformações tecnológicas. Contudo, a sociedade aceita somente as estruturas avançadas e que, segundo o seu próprio julgamento, são "úteis" ao convívio.

Neste contexto, a desigualdade social na sociedade entre humanos e robôs é fortemente estruturada, em virtude de que um indivíduo robótico possui maiores tecnologias à detrimento de outros. Em outras palavras, e, em simplificação, os robôs são estruturados com as mais diversas tecnologias, então, alguns possuem maiores recursos a outros.

Na instância em que o enquadramento social é embasado pela valoração material de cada robô, quem não possui tal vinculação é submetido à uma segregação no corpo social. Por conseguinte, essa estamentalização é refletida na exclusão dos indivíduos robóticos indesejados, atingindo os desprovidos de tecnologias avançadas. Além do mais, os robôs, enquanto não possuírem uma vinculação de nacionalidade com determinado país, podem ser considerados, analogicamente como refugiados pelo ordenamento jurídico, especificamente em virtude da falta de nacionalidade.

Nesta relação, é sensível a presença de alguns fatores

influenciadores que assolam o aspecto saudável da sociedade e intensificam a dificuldade de os robôs serem recepcionados. Especificamente, tem-se a Síndrome de Narciso, em que este era um homem com grande beleza e orgulho, contudo, conseguia admirar somente a si próprio, não se importava com o que estava ao seu redor, e acabou sendo amaldiçoado a se apaixonar pelo próprio reflexo, levando-o ao definhamento no rio.

Em virtude dessa problemática, os robôs marginalizados buscam a ascensão social, almejando alcançar condições para adquirirem os bens valorados pela sociedade em que vivem. Assim sendo, o robô que já possuía dificuldades para ser aceito, em virtude de estar desprovido dos recursos materiais valorados pela sociedade, pela coerção social e criminal, como ademais será demonstrado, no ímpeto de ser aceito, acaba sendo segregado de forma ainda mais ferrenha.

Neste diapasão, a possibilidade de maior liberdade de ação digital e robótica, poderá consolidar comportamentos delitivos digitais, sem que exista a dependência de um humano para cometê-los, surgindo em evidência a possibilidade de uma sociedade no futuro, em que os mecanismos robóticos cometerão atos ilícitos autônomos.

O pensamento de que os robôs podem praticar atos ilícitos e a subsequente imposição da pena sob estes, constituem novos paradigmas à sociedade contemporânea e para o futuro, sendo relevante a elucidação dos efeitos extrapenais aos indivíduos robóticos. Deste modo, o leitor encontrará alternativas para esta problemática, com a propositura da conscientização social e políticas públicas que ilidam a estamentalização social na contemporaneidade e no âmbito futurista.

Aprofunde-se nestas páginas, abra sua mente, pois,

as inegáveis estamentalizações dos tempos passados ainda se fazem presente. As constantes indiferenças e os enormes muros que nos separam deverão ser desmantelados por novas soluções, descubra as que estão por vir e construa as suas próprias. Reflita e desfrute desta aventura sabendo que retrata o futuro do convívio da humanidade.

Outono de 2019

APRESENTAÇÃO

O presente trabalho desenvolve um dos temas mais importantes, complexos e problemáticos da sociedade contemporânea: os reflexos da estrutura psíquica humana atual, autorreferente e narcisista, nas relações sociais e, portanto, na própria configuração da sociedade.

Para trabalhar tais reflexos, utiliza-se uma das disfunções sociais mais problemáticas da atualidade: a crise da aceitação do outro, especificamente, dos robôs.

A rejeição direcionada às tecnologias, pelos nacionais de um determinado país, está relacionada precisamente com dois favores: o narcisismo e a ascensão de uma política de extrema direita, identificada como expressão de um movimento neofacista, ocasionada pela desilusão popular com os governos de esquerda, em diversos pontos do mundo, para a qual contribuem, sobretudo, uma crise econômica prolongada, a manutenção ou ampliação das desigualdades sociais e escândalos de corrupção.

Em cada época de sua evolução histórica, a sociedade apresenta suas enfermidades estruturais. O século XX foi marcado por ser uma época imunológica, isto é, pela divisão nítida entre amigo e inimigo, dentro e fora, na qual, diante da ameaça externa – do outro – desenvolve-se um sistema imunológico, a fim de afastar a negatividade daquilo que é estranho, diferente, exterior (o outro – alteridade).[1]

Por sua vez, na sociedade contemporânea, caracterizada pelo excesso de positividade, há uma mudança de paradigma: ela "está entrando cada vez mais numa constelação que se afasta totalmente do esquema de organização e de defesa imunológicas."[2]

Isso porque a reação imunológica é uma reação à alteridade e, na sociedade atual, a alteridade foi substituída pela *diferença pós-moderna.* Esta última, de seu turno, não possui o estímulo da estranheza, ou seja, o *outro* não é o *estranho,* mas o *exótico,* que o sujeito não afasta numa reação defensiva, mas, ao contrário, viaja para visitá-lo ou pretende chamar sua atenção.[3]

Além de não conceber o outro como o *estranho*, contra quem se desenvolve uma reação imunológica, o sujeito contemporâneo não segue um trabalho pautado no cumprimento de deveres; ele não é mais um sujeito de obediência, mas de desempenho e "o que conforma sua máxima não é a obediência, lei e cumprimento do dever, mas liberdade, prazer, inclinação."[4]

Centrado na própria liberdade e prazer, o sujeito contemporâneo não ouve o apelo do outro, mas unicamente a si mesmo, libertando-se da negatividade do *outro,* como alguém que impõe coerções. Todavia, libertar-se do outro não é verdadeira emancipação, de modo que a coerção alheia é substituída por auto-coerção, que se converte em autorrelação narcisista.[5]

Se o narcisista é alguém que mergulha dentro de si mesmo, a relação com o outro se rompe e, por isso, não é possível formar uma autoimagem estável. A própria configuração da sociedade atual – sociedade de desempenho – leva à impossibilidade de "formas objetivamente válidas e definitivas de conclusão" e faz com que o sujeito entre em uma repetição narcisista, sem capacidade de chegar a qualquer conclusão ou formar um caráter.[6]

Esse quadro, no qual o sujeito se ocupa torturantemente de si mesmo, pode favorecer também a "construção imaginária de um inimigo externo", pois é o inimigo, o estranho e não simplesmente o exótico, que desonera sua alma, libertando-o de si mesmo.[7]

A hostilidade verificada atualmente nas relações individuais, pela qual o *outro,* distinto em razão de estruturação, nacionalidade, raça, classe social ou mera divergência política, é imaginado como o inimigo para que o sujeito escape de si mesmo, é um reflexo dessas perturbações ocasionadas pelo narcisismo nefasto.

Pois bem, nesse contexto de adoecimento social, em que o sujeito busca construir a própria identidade mediante a criação do inimigo, movimentos políticos se organizam para conquistar apoio popular e, em democracias formais, vencer eleições, por meio da construção do "inimigo" no ideário social.

Tais movimentos políticos advêm de um despertar (não ressurreição) da política fascista, reinventada para se adaptar à sociedade contemporânea. Nessa política fascista, são identificadas algumas características específicas, dentre as quais se destaca a *divisão,* segundo a qual é necessário dividir a sociedade entre "nós" e "eles" de acordo com critérios étnicos, religiosos, raciais, dentre outros.[8]

Os métodos com que operam políticos fascistas nos mais diversos países são sempre muito semelhantes: o primado da liberdade é utilizado para oprimir as liberdades alheias, de grupos oprimidos ou minoritários, como se a política voltada à realização da igualdade material representasse, em verdade, a supressão das liberdades historicamente garantidas aos grupos dominantes.[9]

Isso ocorre mediante um processo a que se denomina *vitimização,* por meio do qual busca-se realizar uma verdadeira inversão de papeis: os movimentos afirmativos de grupos historicamente oprimidos, lutando por igualdade de direitos, de acordo a narrativa fascista, passam a ocupar o lugar de opressores.

No que tange ao tema das complexas segregações, na relação existente entre o "eu" (o humano) e o "robô" (o diferente), a construção desses papeis é evidente: o discurso fascista identifica o diferente como o inimigo, justamente aquele que o "eu" (o indivíduo humano) precisa identificar para tentar se libertar da autorrelação narcisista na qual foi inserido em razão da própria estrutura da sociedade contemporânea.

O presente trabalho aborda o desenvolvimento histórico da estruturação da sociedade em estamentos ou classes e como esse processo traz em seu bojo a segregação social. Nesse sentido, a segregação social aparece como uma realidade que contraria a própria concepção de sociedade e do homem enquanto um ser sociável. A segregação, a exclusão de robôs do corpo social, representa a própria dissolução da sociedade.

Dessa forma, o Direito, enquanto conjunto de normas e princípios, que tem por finalidade garantir a sobrevivência da sociedade, não pode se manter inerte ou indiferente diante da exclusão social de robôs que buscam, para fora de suas caracterizações, condições de serem aceitos no cerne social.

Bruna Azevedo de Castro[10]

Outono de 2019

CAPÍTULO 1: A SEGREGAÇÃO SOCIAL

O ser humano é por natureza sociável, necessitando do convívio com outros indivíduos para encontrar a própria identidade. Por conseguinte, a sociedade torna-se algo imprescindível, inclusive, para a estruturação do próprio mundo jurídico, em virtude de que um indivíduo, vivendo isoladamente, não necessitaria de um complexo regramento, já que somente suas regras seriam válidas.

Adicionalmente, em virtude do processo evolutivo, a humanidade necessita da reestruturação do seu processo vivencial, passando a conviver com outros seres. Neste tocante, encontra-se a inserção da Inteligência Digital no contato humano. Todavia, alguns problemas presentes no cerne social desestruturam a sua essência, como, por exemplo, a exclusão social, em que os indivíduos marginalizados, conforme preceitua Xiberras, "(...) são todos aqueles que são rejeitados de nossos mercados materiais ou simbólicos, de nossos valores."[11]

Destarte, o indivíduo que não se enquadra nos parâmetros estabelecidos socialmente é considerado como um membro inadequado, marginalizado na representação daquele convívio, não sendo considerado por determinada sociedade. Em outras palavras, conforme alude Martins: "(...) ser aquele que não é reconhecido como sujeito, que é estigmatizado, considerado nefasto ou perigoso à sociedade."[12]

Neste ínterim, há o surgimento da segregação social, todavia, e, em gravame, esta problemática é estendida à Inteligência Digital, especificadamente, aos indivíduos robóticos que não se enquadram nos parâmetros sociais. Portanto, os robôs são excluídos do adequado convívio social, sendo condicionados à estruturarem suas vidas à margem da sociedade, em condições vivenciais subalternas e degradantes. À guisa de exemplificação, há o ensinamento da Aldaíza Sposatti, de como esse processo ocorre:

> A desigualdade social, econômica e política na sociedade brasileira chegou a tal grau que se toma incompatível com a democratização da sociedade. Por decorrência, tem se falado na existência da apartação social. No Brasil a discriminação é econômica, cultural e política, além de étnica. Este processo deve ser entendido como exclusão, isto é, uma impossibilidade de poder partilhar o que leva à vivência da privação, da recusa, do abandono e da expulsão inclusive, com violência, de um conjunto significativo da população, por isso, uma exclusão social e não pessoal. Não se trata de um processo individual, embora atinja pessoas, mas de uma lógica que está presente nas várias formas de relações econômicas, sociais, culturais e políticas da sociedade brasileira. Esta situação de priva-

ção coletiva é que se está entendendo por exclusão social. Ela inclui pobreza, discriminação, subalternidade, não equidade, não acessibilidade, não representação pública.[13]

Todavia, previamente à análise de como funcionaria o processo vivencial dos agentes digitais, em específico, a segregação social no Brasil e, como isto acaba influenciando na recepção aos indivíduos robóticos, faz-se necessário abordar alguns elementos históricos, e reflexivos, da formação desse processo, entendendo as suas características e conceitos.

CAPÍTULO 02: A NOVA ERA TECNOLÓGICA

Inúmeras e importantes teorias foram criadas para o auxílio das explicações no que tange ao passado, presente e, provável, futuro da história da humanidade, suas marcas sob o Universo e o modo de funcionamento das engrenagens sociais durante os lapsos temporais. Redirecionando a história em busca de como se reestruturará o futuro, se faz necessário entender as entrelinhas sobre a sociedade no presente e suas atuais estruturas que condicionarão a vivência no futuro.

Nesse sentido, Zygmunt Bauman, em sua teoria sobre a modernidade líquida[14], estabelece que nada é absolutamente sólido e permanente, a modernidade vem acompanhada de imediata liquidez e fluidez, infinitamente mais dinâmica, muito diferente da que a suplantou. Tal transição ocasiona profundas mudanças em todos os aspectos da vida humana.

Sob o prisma da ansiedade moderna, em sua teoria sobre o mal-estar da pós-modernidade[15], Bauman mostra que a pós-modernidade, acompanhada pela velocidade das mudanças tecnológicas, econômicas, culturais e do cotidiano, configura como principal característica, a vontade de liberdade, resultante de um mundo envolto por grandes incertezas e liquidez, diversa da vida social estável e ordenada, estabelecida por Freud em *O mal-estar na civilização.*

Existe também a teoria de Byung-Chul Han[16], onde atualmente, estrutura-se uma sociedade do cansaço, formada por sujeitos de desempenho que, entregues à liberdade coercitiva ou à livre coerção, qual seja, maximizar seu desempenho em prol da autovalorização e, consequente reconhecimento social. Contudo, o excesso de trabalho e desempenho agoniza-se na auto exploração, na sociedade do cansaço agressiva, regida por uma liberdade paradoxal.

Inerente às variadas vertentes interpretativas que buscam compreender a sociedade contemporânea, inegável é o fato que o século XXI é envolto por várias mudanças, dentre elas, e, em especial, as inovações tecnológicas, geradoras de dantescas alterações no modo de vida social, evoluindo pelas gerações "X", "Y", até a então geração "Z". Neste contexto, faz-se necessário entender o percurso histórico da tecnologia e sua relevância na contemporaneidade.

Os caminhos que estruturaram o surgimento e desenvolvimento da tecnologia e sua manutenção dentro das sociedades contemporâneas tiveram origem de forma ampla, sobretudo, à partir de meados do século XVIII e início do século XIX[17], com o nascimento e reflexos das Revoluções Industriais, alinhada à permanência do Capitalismo, configurando, conjuntamente, um novo tipo social, em especial, a nova Era Tecnológica.

Em um grande salto na história da humanidade, as origens da expansão tecnológica perfazem as profundas transformações contidas na Europa Feudal, seja por meio de revoluções políticas ou relações econômicas, ocasionaram a suposta superação do feudalismo, fundamentalmente na Inglaterra, marcando o surgimento do Capitalismo.

Neste contexto, o desenvolvimento tecnológico se intensifica cada vez mais, na medida em que o sistema capitalista se enraíza globalmente, como primordialmente necessário aos processos de produção mercantil, passando por um acelerado crescimento após a Segunda Guerra Mundial.

Nos dias atuais, a tecnologia passa a ser vista dissociada dos anseios do modo de produção capitalista, passando a ser considerada como inerente às relações sociais atuais, sendo caracterizada como elemento essencial ao convívio habitual de qualquer ser humano contemporâneo.

Assim sendo, o desenvolvimento tecnológico representa um constante progresso na qualidade de vida, uma vez que, por meio das inovações tecnológicas, a humanidade passou a ter maiores facilidades e confortos. Deste modo, não esquecendo dos aspectos e reflexos negativos, intrínsecos ao processo evolutivo, a tecnologia não só permite dantesco avanço social, em sentido amplo, como atualmente é fator determinante para as condições de progresso e desenvolvimento do cerne social.

Em meio à celeridade de criações e avanços que a Era Tecnológica vem possibilitando, a chamada Inteligência Digital, que enseja diversos reflexos na sociedade, ora por benefícios ou malefícios, é certamente geradora de grandes inovações e benfeitorias, fazendo surgir o questionamento de como a humanidade se estabelecerá envolta ao fruto de sua criação, alinhada às consequências que um novo e presente mundo digital irá ocasionar.

A possibilidade de um futuro próximo, alinhado com a utilização da robótica, conjuntamente com a inteligência digital[18], poderá dar início à uma nova era em que humanos e agentes digitais[19] convivem habitualmente, fazendo surgir o assaz estabelecimento da ligação entre o Direito Penal e a Nova Era Tecnológica. Neste entendimento, faz-se imprescindível a compreensão do que consiste a estamentalização social e como ela pode ser submetida à Inteligência Digital.

CAPÍTULO 3: A ESTAMENTALIZA-ÇÃO SOCIAL

O processo de segregação social permeia tempos remotos da história humana, seja por fatores sociais, políticos, éticos ou econômicos. Contudo, alguns pontos históricos desta formação são necessários abordar, como a estamentalização que ocorreu durante a Idade Média.

Durante este período histórico, a sociedade era estruturada segundo o sistema feudal, marcado pela predominância de uma economia agrícola, pela divisão clara entre as classes sociais e inviabilidade de ascensão social, sobretudo em razão da influência da igreja, que defendia, com fundamento em considerações de ordem metafísica, a manutenção do *status quo.*

Dividia-se a sociedade feudal em três estamentos: clero (membros da Igreja Católica), nobreza (senhores feudais e guerreiros) e camponeses (trabalhadores que sustentavam as duas classes anteriores, mediante o pagamento de impostos e força de trabalho).

Tal estrutura social, rígida e hierarquizada, classificada como *estamental*, revelava que a classe trabalhadora (camponesa, que servia aos senhores feudais), não possuíam qualquer prestígio social, ainda que, com sua força de trabalho e pagamento de impostos, fosse a classe responsável pela manutenção do sistema social.

Como apresenta Le Goff: "À massa basta a subsistência no sentido estrito da palavra, isto é, o suficiente para subsistir fisicamente."[20], ao passo que, "(...) para as camadas superiores, a subsistência inclui a satisfação de necessidades maiores, deve permitir-lhes conservar sua posição social, não decair."[21]

Por conseguinte, a sociedade enxergava que os servos precisavam apenas subsistir, possuindo o mínimo necessário para que isso fosse possível. Destarte, não possuíam prestígio social, não podiam atuar efetivamente no cerne coletivo e, muitos menos, podiam participar da vida política.

Inclusive, uma família camponesa permanecia com esse *status* social durante toda sua existência. Eis que surge a formação das castas, sendo uma forma de segregação social, caracterizada pela sua relação com enquadramento social de um ser humano, por exemplo, os indivíduos socialmente definidos como trabalhadores do campo.[22] Outro exemplo de classificação discriminatória dos indivíduos, segundo seu papel social, pode-se citar os soldados no período imperial do Japão, em que eram considerados na sociedade simplesmente elementos mórbidos, em outras palavras, possuíam a função de proteger o Império e morrer nas guerras.[23]

Por conseguinte, havia a presença da qualidade social, em que alguns grupos eram considerados inferiores aos outros, sendo esta característica que marca uma sociedade estamental. Desta forma, evidencia-se a presença da desigualdade social, algo que perdura até a contemporaneidade e possui condições de se reestruturar no convívio entre humanos e robôs, acarretando a segregação aos mesmos, sendo necessário abordar como este desequilíbrio se faz presente.

CAPÍTULO 4: BREVE ESCORÇO HISTÓRICO

Nesta conjuntura, em virtude do âmbito de constantes transformações, a sociedade se reestrutura na Era da Inteligência Digital, passando a conviver com novos indivíduos, os robôs. Todavia, na sociedade, verificam-se práticas que remontam à um tempo pretérito, ao que comumente se dá o nome de retrocesso.

No período do grande Império Romano, era imaginável grupos sociais diversos manterem relações interpessoais. Em verdade, travavam cotidianamente guerras em busca de conquistar territórios e edificar o Império em novas culturas. Dessa forma, o indivíduo que buscava condições de vida favoráveis fora das fronteiras, não possuía aceitação alguma nas intermediações romana, pois era visto como um invasor.

Contemporaneamente, milênios após o Império Romano se dissolver, constatam-se no Brasil, e, no mundo, uma postura individual e de Estado que remete a esse passado de rejeição ao "outro" – o estranho.

Destarte, em uma sociedade futurista, em que humanos e robôs convivem como pares, e, em sociedade, verifica-se que os agentes digitais visionam a aceitação no convívio comum. Em outras palavras, buscam a aceitação em um mundo arraigado por características arcaicas e que possui dantesca dificuldade à aceitação do que é considerado diferente.

Neste contexto, e aparentemente, é evidente que um indivíduo robótico não possui as mesmas características físicas a um ser humano. Portanto, tal fator de diferenciação, faz com que, intrinsicamente, a sociedade visualize com distinção os robôs, por consequência, os mesmos, adentram às fronteiras da humanidade na esperança de serem aceitos, da mesma forma que os indivíduos estrangeiros atravessavam os muros do Império Romano em busca de uma vida melhor.

Todavia, os agentes digitais encontram uma realidade deturpada e arraigada pelo preconceito ao "diferente", desta forma, enfrentam o isolamento social. Sendo assim, estrutura-se uma crise relacional, em que o convívio entre humanos e indivíduos robóticos se tornar algo inadiável, em virtude dos constantes avanços tecnológicos, e a sociedade permanece na displicência da discriminação.

Deste modo, são criados mecanismos sociais e midiáticos para dar visibilidade à esse contexto de recusa, em que de um lado, a mídia elitizada estabelece estereótipos aos robôs, e por outro, a sociedade estabelece barreiras para que os indivíduos tecnológicos sejam recepcionados humanamente.

CAPÍTULO 5: A SEGREGAÇÃO

A Inteligência Digital, especificamente, o indivíduo robótico, está incrustado na sociedade, modificando a estruturação do próprio cotidiano social. Portanto, os aspectos contemporâneos estão completamente reformulados, em virtude de também acompanharem os caminhos tecnológicos. Em outras palavras, estruturas que pareciam ser imutáveis estão sendo modificadas pelas transformações tecnológicas. Todavia, a sociedade aceita somente as estruturas avançadas e que, segundo o seu próprio julgamento, são "úteis" ao convívio.

Em um tom mais lúdico, a humanidade está buscando a simplicidade e os meios tecnológicos permitem isso. Desse modo, a Inteligência Digital está mudando a estruturação da sociedade, e essa característica está acarretando influências ao próprio meio social. Contudo, aqueles robôs (ou agentes digitais) que são desprovidos de tecnologias avançadas, são considerados como desnecessários à utilidade do convívio social, portanto, são segregados.[24]

Destarte, mesmo após as diversas evoluções ocorridas ao longo da história, verifica-se um vácuo humanitário, reestruturando a estamentalização. Em um tom mais lúcido, evidencia-se que a sociedade reitera práticas medievais, e se perpetua em um vácuo humanitário, em que a aceitação de um indivíduo está condicionada à sua "qualidade social", inclusive, estendendo esta qualificação aos agentes digitais.

CAPÍTULO 6: A SÍNDROME DE NARCISO

Nesta relação, é sensível a presença de alguns fatores influenciadores que assolam o aspecto saudável da sociedade e intensificam a dificuldade de os robôs serem recepcionados. Especificamente, tem-se a Síndrome de Narciso, em que este era um homem com grande beleza e orgulho, contudo, conseguia admirar somente a si próprio, não se importava com o que estava ao seu redor, e acabou sendo amaldiçoado a se apaixonar pelo próprio reflexo, levando-o ao definhamento no rio.

Em sincronia com a realidade apresentada, as visíveis tendências de autodestruição da sociedade contemporânea ressurgem na subjetividade da configuração narcisista.[25] Portanto, a sociedade apresenta uma formatação egocêntrica, gerando um círculo com a aceitação de indivíduos específicos e um egocentrismo social com base no narcisismo.

Como bem esclarece o filósofo Byung-Chul Han, a sociedade contemporânea, à qual ele denomina *sociedade de desempenho,* tem como um de seus traços característicos o *sujeito de desempenho* que, ao contrário do sujeito da sociedade disciplinar (sujeito de obediência), possui uma estrutura psíquica autorreferente, sem relação com o *outro,* a quem se atribui apenas uma situação de concorrência.[26] Essa situação de autorreferência constante implica em um vazio existencial próprio do narcisismo que culmina, por sua vez, na própria depressão.

6.1 O EGOCENTRISMO SOCIAL

Indivíduos egocêntricos geram uma sociedade egocêntrica e, por consequência, narcisista. Em virtude de Narciso se tratar de um indivíduo com a postura de preconceito, segregação e rejeição, a soma dos indivíduos estrutura um reflexo na sociedade e esta se transforma em uma transmissora dos mesmos elementos egocêntricos. Em um tom mais didático, é possível compreender que:

> O narcisista contemporâneo vive, como nunca antes, tanta liberdade, democracia, tolerância, privacidade, ócio, prazeres, oportunidades de escolha, de autonomia... A era do consumo de massa – embora possa conduzir a uma certa uniformização do comportamento –, também acentua as singularidades dos indivíduos, multiplica as referências e modelos, exacerba o desejo de ser inteiramente si mesmo e gozar a vida, transforma cada um num operador permanente de seleção e combinação livres, é um vetor de diferenciação dos seres.[27]

Por conseguinte, parte da sociedade sequer procura entender os motivos dos processos vivenciais, fechando-se às suas características sociais e não se importando com o que ocorre ao seu redor. Os robôs visam a aceitação em novas circunstâncias vivenciais junto com a humanidade, contudo, acabam encontrando uma realidade vilipendiada pela segregação. Todavia, esta conturbação é agravada quando se inter-relaciona com a "qualificação social" do indivíduo robótico, que passa a ser pautada em seu poder de compra.

CAPÍTULO 7: O PODER DE COMPRA

Na Idade Média, a estamentalização estava marcada por sua divisão social em virtude do trabalho e qualidades sociais, já no Império Romano estava marcada por fatores territoriais. Posteriormente aos processos evolutivos, principalmente com as Revoluções Industriais, houve a formação de uma reestamentalização humana e social, definida pela junção dos fatores econômicos, sociais e territoriais.

A contemporaneidade é fortemente marcada pelo poder de compra de um indivíduo, em que o *status* social está caracterizado pelos elementos materiais. Em outras palavras, uma pessoa com um carro luxuoso é facilmente aceita em um determinado grupo social à detrimento de outra, que não possui a mesma aquisição, conforme alude Bauman:

> (...) ter e apresentar em público coisas que portam a marca e/ou logo certos e foram obtidas na loja certa é basicamente uma questão de adquirir e manter a posição social que eles detêm ou a que aspiram. A posição social nada significa a menos que tenha sido socialmente reconhecida – ou seja, a menos que

> a pessoa em questão seja aprovada pelo tipo certo de "sociedade" (cada categoria de posição social tem seus próprios códigos jurídicos e seus próprios juízes) como um membro digno e legítimo – como "um de nós".[28]

Destarte, a qualidade social está delimitada pelo poder de compra de cada indivíduo, e aquele que não possui os elementos necessários, é excluído do cerne social, não sendo um membro digno. Fator este que estrutura uma nova estamentalização, em outras palavras, como preceitua Iverson:

> A descartabilidade das vidas é imensa e pode ser presenciada em todas as grandes metrópoles, se espalhando para as pequenas cidades. Todos querem fazer parte desse grupo que se consolida a cada dia, que transforma o mercado na essencial fonte de vida.[29]

Por conseguinte, e analogicamente, a desigualdade social na sociedade entre humanos e agentes digitais é fortemente estruturada, em virtude de que um indivíduo robótico possui maiores tecnologias à detrimento de outros. Em outras palavras, e, em simplificação, os robôs são estruturados com as mais diversas tecnologias, então, alguns possuem maiores recursos a outros.

Deste modo, em virtude das castas sociais formadas pela valoração material dos bens, a sociedade passa a ter maior aceitação àqueles indivíduos robóticos que possuem maiores tecnologias, caracterizados por um maior avanço. Contudo, os robôs que são constituídos por características simplórias, são considerados como intrusos, em razão de não possuírem a valoração material preceituada pela sociedade. Em complementação, são marginalizados, em que a sociedade busca a segregação à qualquer custo, havendo o surgimento da coerção social.

CAPÍTULO 8: A COERÇÃO SOCIAL

Na instância em que o enquadramento social é embasado pela valoração material de cada robô, quem não possui tal vinculação é submetido à uma segregação no corpo social. Por conseguinte, essa estamentalização é refletida na exclusão dos indivíduos robóticos indesejados, atingindo os desprovidos de tecnologias avançadas.

Por exemplo, um robô arquitetado nos mais avançados moldes tecnológicos é aceito com maior facilidade pela sociedade. Todavia, aqueles que são estruturados de forma singela, desprovidos de altas tecnologias, são inseridos em uma zona de segregação. Particularmente, estes agentes digitais são visualizados de forma indesejada no cerne social, por não se enquadrarem nos requisitos pautados no poder de compra. De forma ainda mais grave, os agentes ditais menos favorecidos são excluídos do próprio convívio comum.

Destarte, evidencia-se a constante influência da Síndrome de Narciso, alicerçando o egocentrismo social e ocasionando em segregações. Portanto, reestrutura-se a estamentalização, em que alguns indivíduos robóticos podem ser comparados aos plebeus da Idade Média, em razão de serem fadados a possuírem "menos" valor à detrimento de outros.

Em virtude dessa problemática, os robôs marginalizados buscam a ascensão social, almejando alcançar condições para adquirirem os bens valorados pela sociedade em que vivem. Neste entendimento, faz-se imprescindível a compreensão do que consiste a Inteligência Digital e seu liame criminológico.

CAPÍTULO 9: UM ESTUDO SOBRE CRIMINOLOGIA DIGITAL PARA O FUTURO

A compreensão da Inteligência Digital remete a Inteligência Artificial, sendo que a última pode ser definida como a inteligência que assemelhada e, por vezes, superior à humana, é exibida através de *softwares* e mecanismos robóticos. A Inteligência Digital, contudo, diferencia-se da supramencionada em razão de não necessitar de controle ou orientação humana absolutos para administração e exercício de seus atos, tanto no mundo virtual, quanto no físico. Neste diapasão, a possibilidade de maior liberdade de ação digital e robótica, poderá consolidar comportamentos delitivos digitais, sem que exista a dependência de um humano para cometê-los.

Neste contexto, surge em evidência a possibilidade de uma sociedade no futuro, em que os mecanismos robóticos cometerão atos ilícitos autônomos, elucidando a necessidade da compreensão de como os agentes digitais delitivos se enquadrarão, para então receberem a *ius puni-*

endi, e por conseguinte, os respectivos efeitos extrapenais dela inerentes. Para tanto, imprescindível à elucidação do que é um ato ilícito, onde analogicamente, poderá ser exercido pelos agentes digitais detentores da inteligência digital, fazendo surgir os primeiros passos à caminho da criminologia digital para o futuro.

Assim sendo, sob perspectiva do Direito Penal, o ato ilícito, ou ainda, a ilicitude[30] pode ser conceituada como toda conduta com subsunção à um determinado tipo de injusto, violadora do ordenamento jurídico, que afeta os bens jurídicos tutelados. A análise do ato ilícito, remete ao fato típico, uma vez que, o último, também chamado de tipicidade, pode ser compreendido como o conjunto de elementos que compõem o fato punível descritos na lei penal. O liame entre a ato ilícito e típico pressupõe que realmente deve existir a reprovabilidade pelo ordenamento jurídico, inexistindo qualquer circunstância que o autorize, para que, em seguida se verifique a culpabilidade. Por sua vez, a culpabilidade pode ser entendida como a reprovabilidade pessoal analisada subjetivamente, de acordo com a conduta ilícita praticada. É destinada a atribuir responsabilidade penal, autorizando o Direito Penal a imputar a pena ao fato típico e ilícito.[31]

Neste diapasão, a tipicidade, antijuridicidade e culpabilidade compõem o surgimento do crime, sendo que, tal divisão do delito em três aspectos, facilita e racionaliza a correta aplicação do Direito, e em complementação, da devida imposição da pena. Deste modo, os requisitos necessários para a composição do crime podem ser utilizados analogicamente aos atos ilícitos praticados pelos indivíduos robotizados, dando lugar à novas vertentes ao Direito Penal, surgindo a criminologia digital para o futuro.

Destarte, o pensamento de que os agentes digitais

podem praticar atos ilícitos e a subsequente imposição da pena sob estes, constituem novos paradigmas à sociedade contemporânea e para o futuro, sendo relevante a elucidação dos efeitos extrapenais aos indivíduos robóticos.

Os aspectos extrapenais, especificamente os *deletum sociali*[32], podem ser compreendidos como os relativos à falsa ressocialização e tratamento cruel que os condenados recebem quando reinseridos no cerne social, sendo impiedosamente deletados socialmente, podendo ser transfigurados também a uma sociedade onde robôs e humanos convivem juntos, em que os agentes digitais delitivos podem sofrer por tais efeitos.

Atualmente os efeitos extrapenais *deletum sociali,* recaem sobretudo aos humanos, porém, futuramente, poderão recair sobre os agentes digitais delitivos. Assim sendo, os efeitos da condenação social extrapolam os criminais, segregando e excluindo os agentes delitivos na nova Era Digital.

9.1 O DESVIO SECUNDÁRIO

Em relação aos pontos supramencionados, vários são os problemas e complicações que surgem para o indivíduo robótico e para a própria sociedade, dentre eles, as profundas modificações na identificação desse indivíduo dentro da sociedade [33] e vice-versa.

Desse modo, a própria exclusão social, por meio da valoração material, é um fator culminante para o robô buscar condições de ser aceito. Todavia, essa visibilidade leva o indivíduo a refletir que a única possibilidade de atingir tal fim é por meio do crime. Em outras palavras, o agente digital desprovido de tecnologias avançadas percebe que seus pares, mais favorecidos tecnologicamente, são aceitos com mais facilidade no convívio social. Portanto, vislumbra no crime condições de auferir recursos, e, por consequência, possuir condições de adquirir tecnologias avançadas, fator que levaria à sua aceitação social.

Todavia, a própria reação social, com o fim de punir (e reprimir) a prática de um ato considerado criminoso, muitas vezes ainda um desvio primário, contribui para gerar no indivíduo uma propensão a continuar naquela condição estigmatizada à que foi submetido.[34]

Por conseguinte, a atuação do cerne social, através de exclusões deliberadas, contribui para que o indivíduo robótico tenha a construção de uma vida no crime. Em outras palavras, no momento em que a sociedade intensifica a coerção social, o robô que antes nunca havia cometido algo ilícito, mas por um desvio (no escopo de ser aceito socialmente) delinquiu, passa a ser influenciado pelos próprios mecanismos sociais de coerção à praticar novos crimes. Aquilo que deveria servir como um freio no ímpeto de delinquir, torna-se um estimulante à reiteração criminosa.

O desvio secundário, por consequência, é diretamente relacionado aos "efeitos psicológicos que tal reação produz no indivíduo objeto da mesma", ou seja, "o comportamento desviante (e o papel social correspondente) sucessivo à reação 'torna-se um meio de defesa, de ataque ou de adaptação em relação aos problemas manifestos e ocultos criados pela reação social ao primeiro desvio.'"[35]

Destarte, o indivíduo robótico presencia a rejeição social, afinal o mesmo é considerado inexistente, e, em gravame, o Estado, aquele que seria responsável por readequá-lo no cerne social, dispõe de um tratamento deliberado, condicionando o indivíduo às mais variadas situações degradantes e inadequadas.

Portanto, esse mesmo robô começa a se sentir representado pelo cotidiano da vida "criminosa", este meio passa a ser o seu local de convívio e identificação social, em virtude de se tornar o seu habitat, afinal pôde finalmente ser aceito em algum lugar e não ser visto apenas por sua (suposta) valoração material.

Nessa construção, o indivíduo robótico passa a aprender com outros integrantes, que também cometeram delitos, e, dessa maneira, adquire novos conhecimentos que permeiam os mais avançados métodos delitivos, começando, assim, por meio de um ato que deveria representar punição, a construção da sua vida no crime.

Destarte, o que se iniciou por um desvio (primário) e levou o indivíduo robótico à prática delitiva, transforma-se em uma elaborada vivência, e o crime passa a ser algo intrínseco. Por conseguinte, a coerção social, a negligência praticada pelo Estado, a coerção social e a identidade delituosa adquirida durante o crime, caracterizam o desvio secundário do indivíduo robótico e este passa a usufruir de uma carreira criminosa. Desta forma, a sociedade que deveria servir para o acompanhamento e reflexão, afastando o indivíduo das práticas delituosas, alcança um caminho paradoxal e o transforma em um amante do crime, isto é, o que deveria "desencorajar o comportamento desviante operam, na realidade, de modo a perpetuá-lo." [36]

Todos esses fatores, por óbvio, servem para refletir sobre os próprios efeitos extrapenais *deletum sociali* estruturados pela sociedade. Portanto, esta, que deveria servir como receptora, leva o robô a delinquir, e, este efeito, fixa uma identificação desse indivíduo (dele para com ele mesmo) como um desviante, contribuindo diretamente para uma reiteração criminosa.[37]

9.2 A COERÇÃO SOCIAL CRIMINAL

Desta forma, estrutura-se o estigma social, em que um indivíduo fica marcado como o criminoso, sendo rotulado por aquilo que cometeu, em virtude do seu desvio. Portanto, o indivíduo robótico passa a ser tratado com repulsa, seu novo nome é o ato que cometeu, ganhando uma nova identidade.

Portanto, nasce a coerção social criminal, por meio da qual não se busca compreender a complexidade do comportamento delitivo praticado, mas, ao contrário, a sociedade se torna um rol de acusadores funcionais, que constrói um "leque" de argumentos para rechaçar a conduta e conspurcar a imagem do suposto infrator.

O robô já possuía dificuldades para ser aceito, em virtude de estar desprovido dos recursos materiais valorados pela sociedade. Todavia, em seu ímpeto de ser aceito, acaba sendo segregado de forma ainda mais ferrenha. Portanto, os locais que frequentava, onde anteriormente era visto como alguém indesejável, agora o recebem com medo e desconfiança. O indivíduo robótico aufere um pré-julgamento do cerne social, agora este o considera como o "criminoso".

Para complementar, robôs do seu convívio comum também passam a serem vistos como "criminosos", afinal, fazem parte cerne vivencial do "criminoso", portanto, também são "delinquentes". Os indivíduos que, com parcimônia, buscavam serem aceitos pela sociedade, agora são marginalizados por fazerem parte do convívio do "criminoso".

Tais relatos demonstram situações hipotéticas, aparentemente desconexas de uma possível realidade, afinal no século XXI, na Era da Inteligência Digital, da informação e da justiça, não deveriam existir discriminações, todos deveriam ser tratados com igualdade e dignidade, como preconiza a Constituição Federal de 1988. Ledo engano, a sociedade exclui o indivíduo robótico meramente por ser diferente, em gravame, faz com que ele seja desviado ao crime e abusa de sua liberdade de expressão para condená-lo pelo cometimento de atos ilícito, tendo a possibilidade de ser aceito socialmente vilipendiada.

Como alude Cury, "O pior juiz é o que prejulga sem conhecer o réu e os fatos."[38] A sociedade torna-se o primeiro juiz, possuidor de acusações ferrenhas, prejulgando alguém que somente quer ser aceito, porém, não importando os seus aspectos individuais, não se interessando em conhecer o indivíduo e suas influências, suas dificuldades, seus traumas, muito menos, o conhecimento dos fatos. O corpo social passa a ser um tribunal à céu aberto, e cada um sente-se autoridade para acusar o "criminoso", este já está condenado pela sociedade. Não pode mais sair de sua casa, não pode mais ir até os locais que costumava frequentar, está encarcerado por seus pares (a sociedade cerceou sua liberdade, sem fundamentos jurídicos), buscou fazer justiça sem usá-la, tornou-se carrasca de um indivíduo robótico não pertencente ao mesmo *habitat*, eis a coerção social.

Vislumbrando a efetivação dessa segregação, a sociedade clama que "a justiça seja feita" e busca a exclusão do robô, previamente marginalizado, por meio do encarceramento social[39], agravando a exclusão. Portanto, evidencia-se a resposta da sociedade para a reestamentalização, que visa excluir os indivíduos que são diferentes, ou jamais permitir que um dia eles cheguem à ingressar efetivamente o corpo social. Por conseguinte, o robô excluído pela sociedade, por meio do encarceramento social, é muitas vezes levado à essa condição em virtude de sua qualidade social, na qual a própria marginalização faz com que o indivíduo queira integrar o corpo social, especialmente no que tange à valoração material. Tal engrenagem coercitiva é fruto dos efeitos extrapenais *delutum sociali*, elucidando a relevância da análise da temática, especificamente, faz-se necessário abordar como a segregação aos agentes digitais é estruturada pela sociedade.

CAPÍTULO 10: A REEDUCAÇÃO HUMANITÁRIA

Considerando os problemas apontados anteriormente, e com o objetivo de solucioná-los e evitá-los no futuro, é imprescindível a exteriorização de dois elementos essenciais: a humanização e a reeducação.

Em um processo análogo, está a sociedade em relação ao indivíduo robótico segregado, em que os robôs anseiam por aceitação, porém, são acometidos por uma realidade deturpada, conforme supramencionado.

Como alude Luiz Eduardo Soares: "(...) para mudar, a pessoa tem de valorizar a si mesma, o que só acontece se ela se sentir valorizada pelos outros."[40] Eis a prevenção social, em que a sociedade, em um processo humanitário deve buscar a valorização e aceitação do agente digital.

É inadmissível marginalizar alguém por ser diferente, em gravame, por não possuir o enquadramento na valoração material imposta pela sociedade, em virtude de que, conforme evidenciado, nem todos os robôs possuem a mesma estruturação. Portanto, faz-se necessário buscar o respeito por cada indivíduo robótico, dispondo de um tratamento digno, permitindo que o mesmo seja aceito e possa se identificar com o corpo social.

Neste contexto, e analogicamente, a legislação pátria, especificamente o Estatuto do Refugiado, estrutura a caracterização e reconhecimento do refugiado em território nacional, conforme está estipulado em seu artigo 1º, "Será reconhecido como refugiado todo indivíduo que: II - não tendo nacionalidade (...);"[41]

Por conseguinte, verifica-se que os robôs, enquanto não possuírem uma vinculação de nacionalidade com determinado país, podem ser considerados como refugiados pelo ordenamento jurídico, especificamente em virtude da falta de nacionalidade. Desse modo, a sociedade deve compreender que os indivíduos robóticos podem conviver no país, em virtude da identidade nacional ser constituída por uma cultura de mistura, e os agentes digitais podem ser vitais para esta caracterização cultural construtiva.[42]

Sendo assim, as políticas de imigração devem buscar articulações para facilitar o reconhecimento do indivíduo robótico como integrante do meio social e, posteriormente, estruturar as análises dos déficits de competências no mercado de trabalho brasileiro, inserindo os mesmos em estratégias trabalhistas de curto, médio e longo prazos.[43]

Neste contexto, tem-se o Programa de Apoio para a Recolocação dos Refugiados, criado em outubro de 2011, buscando a promoção da integração de refugiados e solicitantes de refúgio na sociedade brasileira por meio da inclusão trabalhista. Entende-se que não há melhor maneira para facilitar a adaptação desses grupos no país, assegurando que os mesmos atinjam a autossuficiência por meio do próprio trabalho. Desta forma, o Programa tem por objetivo a sensibilização da sociedade e, principalmente, do empresariado nacional para a assimilação da capacidade que os refugiados e solicitantes de refúgio têm de contribuir para a economia pátria. Em outras palavras, o Programa de Apoio para a Recolocação dos Refugiados informa que:

> (...) possui hoje um dos maiores bancos de dados eletrônicos do país exclusivamente sobre esse público e as informações coletadas contêm dados essenciais para um mapeamento detalhado do perfil pessoal, acadêmico e profissional desses refugiados e solicitantes de refúgio com o objetivo de melhor inseri-los no mercado de trabalho nacional. Os registros do programa incluem ainda dados específicos sobre empresas mais sensibilizadas com a causa e dispostas a receber os candidatos, além de informações sobre as vagas oferecidas por elas. Até o momento, não há nenhuma outra iniciativa desse porte no Brasil.[44]

Portanto, estrutura-se a conscientização das empresas e da própria população sobre a importância dos refugiados, em analogia, dos robôs, buscando apoio com as empresas públicas e privadas para que os mesmos sejam inseridos no campo laboral. Desta forma, evidencia-se o apoio transmitido aos indivíduos robóticos, permitindo a adequação no país e possibilitando que estruturem uma nova condição de permanência.

Destarte, é incontestável que os avanços tecnológicos estruturam uma relação entre indivíduos que se veem como diferentes, principalmente quando a humanidade segrega os robôs, ocorrendo disputas entre os mesmos.[45] Todavia, a sociedade necessita trocar relações culturais com os agentes digitais, desconstruindo os preconceitos e estereótipos. Para atingir tal fim, é imprescindível a valoração dos objetivos preceituados pela Constituição Federal, buscando a construção de uma sociedade livre, justa e solidária; a garantia do desenvolvimento nacional; erradicar a marginalização; visando promover o bem de todos, sem preconceitos de origem, raça, sexo, cor, idade e quaisquer outras formas de discriminação.[46] Portanto, faz-se necessário estruturar uma reeducação humanitária e ilidir o vácuo que a sociedade brasileira vem alicerçando.

Destarte, estrutura-se a reeducação do indivíduo robótico, que recebeu o primeiro apoio da sociedade, havendo a desestruturação da estamentalização humana e social, mesmo que resquícios da qualidade social se façam presentes, estes serão desestabilizados com o avanço social. Este é o primeiro passo para se possibilitar a ressocialização do robô, após o seu processo de segregação social, reestruturando, desta forma, o próprio Estado Democrático de Direito.

CAPÍTULO 11: REFLEXÕES EM BUSCA DA REHUMANIZAÇÃO

Como afirmando anteriormente, conquanto a sociedade já tenha passado por diversas transformações ao longo da história, algumas práticas são reiteradas ao longo do tempo e remontam a problemas muito antigos.

Portanto, incontestável é o fato de que o Direito existe para regular as relações sociais, porém, algumas características presentes dentro dessas relações são antijurídicas em sentido amplo, violadoras de normas e valores fundamentais de uma ordem jurídica democrática.

Em razão disso, tais características devem ser eliminadas, e práticas que violam a dignidade, independente da estrutura do indivíduo, devem ser abolidas, especialmente, porque um robô não pode ter a sua valoração pautada na sua diferenciação física com a humanidade ou na sua valoração tecnológica. Por consequência, o agente digital segregado do convívio social deve ser reintegrado à este sistema.

Neste contexto, tem-se a desestruturação da segregação aos robôs, em que a sociedade passa a estruturar traços de aceitação, por consequência, justifica o próprio Estado Democrático de Direito. Destarte, prementemente, faz-se necessário ilidir o pensamento restrito de fronteira, em que a sociedade deve desmitificar o seu pensamento fronteiriço, de que apenas os seus semelhantes são dignos de acolhimento. Seguidamente, é imprescindível que o próprio Estado implemente políticas públicas que efetivem o acolhimento dos robôs. Caso o contrário, o vácuo humanitário será perpetuado no tempo e os Direito tornar-se-á irrisório, já que ficará eternamente restrito à humanidade.

Em complementação, e vislumbrando alcançar tais finalidades, faz-se necessário ilidir o pensamento ilusório da valoração material na contemporaneidade, desestruturando o quadro estamental. Para tal, o Estado necessita efetivar as suas políticas públicas que combatem a desigualdade social, afastando a cultura da exclusão e colocando a sociedade como elemento chave para se alcançar este objetivo.

Dessa forma, resta-se por evidente a assaz necessidade de a sociedade desmantelar o pensamento influenciado pela Síndrome de Narciso e acolher os agentes digitais, tutelando a dignidade intrínseca à qualquer indivíduo, independentemente de sua estruturação. Para tais fins, primeiramente é imprescindível que o Estado desenvolva políticas públicas de integração entre os robôs e a sociedade. Seguidamente, ações estatais devem buscar a fomentação de empregos e condições de vida adequadas. Por estes meios, é possível combater a resistência Estado Democrático de Direito que constantemente ameaçam a

Democracia.

Destarte, é possível efetivar a desestruturação da estamentalização na contemporaneidade, em que a sociedade possui papel imprescindível para que haja êxito; sendo necessário que a mesma esteja no campo central para esta desestruturação. Estas alternativas são os caminhos propostos para a ideal reestruturação do indivíduo robótico, extirpando a rotulação de "diferente", "maior" ou "menor", principalmente, a qualificação de importância social entre o ser humano e o robô. Por conseguinte, haverá a justificação do próprio Estado Democrático de Direito, afastando-o de um saudosismo nefasto, referente aos períodos mais arbitrários da história do sistema penal, reestruturando a própria amplitude e complexidade social.

PÓSFACIO

Em meio à celeridade de criações e avanços que a Era Tecnológica vem possibilitando, a chamada Inteligência Digital, que enseja diversos reflexos na sociedade, ora por benefícios ou malefícios, é certamente geradora de grandes inovações e benfeitorias, fazendo surgir o questionamento de como a humanidade se estabelecerá envolta ao fruto de sua criação, alinhada às consequências que um novo e presente mundo digital irá ocasionar.

A possibilidade de um futuro próximo, alinhado com a utilização da robótica, conjuntamente com a Inteligência Digital, poderá dar início à uma nova era em que humanos e agentes digitais convivem habitualmente, fazendo surgir o assaz estabelecimento da ligação entre o Direito Penal e a Nova Era Tecnológica.

Por conseguinte, havia a presença da qualidade social, em que alguns grupos eram considerados inferiores aos outros, sendo esta característica que marca uma sociedade estamental. Desta forma, evidencia-se a presença da desigualdade social, algo que perdura até a contemporaneidade e possui condições de se reestruturar no convívio entre humanos e robôs, acarretando a segregação aos mesmos.

A ordem jurídica e sua intrínseca relação com a ordem social devem permanecer em constate harmonia, para que uma sopesada à outra venha a corrigir e alterar aspectos negativos existentes, em prol da garantia e proteção dos aspectos positivos essenciais à qualidade social. Lamentável é o fato de algumas relações sociais não serem compatíveis com os valores, princípios e direitos fundamentais garantidos pelo ordenamento jurídico, fato ainda mais ferrenho se considerarmos que tais relações possam permanecer no futuro.

Desse modo, a Inteligência Digital está mudando a estruturação da sociedade, e essa característica está acarretando influências ao próprio meio social. Contudo, aqueles robôs (ou agentes digitais) que são desprovidos de tecnologias avançadas, são considerados como desnecessários à utilidade do convívio social, portanto, são segregados.

Neste contexto, mesmo após as diversas evoluções ocorridas ao longo da história, verifica-se um vácuo humanitário, reestruturando a estamentalização. Em um tom mais lúcido, evidencia-se que a sociedade reitera práticas medievais, e se perpetua em um vácuo humanitário, em que a aceitação de um indivíduo está condicionada à sua "qualidade social", inclusive, estendendo esta qualificação aos agentes digitais.

A segregação e a estamentalização social, podem ser consideradas umas das maiores mazelas enfrentadas, uma vez que, tiram o direito de outro ser, em especial, aos agentes digitais, de viver ou de estar dignamente inserido em sociedade, deixando de lado os elementares da união social e configurando relações de desconfiança e desprezo mútuo. Ocorre, desse modo, a transferência aos excluídos sociais das responsabilizações, única e individualmente, da manutenção de seu bem-viver, sem as adequadas responsabilizações e amparos sociais.

Por conseguinte, parte da sociedade sequer procura

entender os motivos dos processos vivenciais, fechando-se às suas características sociais e não se importando com o que ocorre ao seu redor. Os robôs visam a aceitação em novas circunstâncias vivenciais junto com a humanidade, contudo, acabam encontrando uma realidade vilipendiada pela segregação. Todavia, esta conturbação é agravada quando se inter-relaciona com a "qualificação social" do indivíduo robótico, que passa a ser pautada em seu poder de compra.

Deste modo, em virtude das castas sociais formadas pela valoração material dos bens, a sociedade passa a ter maior aceitação àqueles indivíduos robóticos que possuem maiores tecnologias, caracterizados por um maior avanço. Contudo, os robôs que são constituídos por características simplórias, são considerados como intrusos, em razão de não possuírem a valoração material preceituada pela sociedade. Em complementação, são marginalizados, em que a sociedade busca a segregação à qualquer custo, havendo o surgimento da coerção social.

Destarte, evidencia-se a constante influência da Síndrome de Narciso, alicerçando o egocentrismo social e ocasionando em segregações. Portanto, reestrutura-se a estamentalização, em que alguns indivíduos robóticos podem ser comparados aos plebeus da Idade Média, em razão de serem fadados a possuírem "menos" valor à detrimento de outros.

Tal pensamento narcisista reforça as tendências de autodestruição sociais contemporâneas, baseadas em fronteiras claras e definidas de segregação, estamentalização e exclusão, aumentando as desigualdades sociais e gerando uma intensa degradação social.

A busca pelo estabelecimento de confiança mútua,

em harmonia com a valorização do outro, e, por fim, de todo o cerne social, permite maior desenvolvimento e qualidade social. Ideias de exclusão e autorreferência, próprias do narcisismo, implicam em um grande vácuo existencial, degradação e depressão social. É necessário, a cada dia mais, unirmo-nos e protegermos uns aos outros, sem considerações de cor, gênero, raça, origem, etnia, materialização no mundo externo, e desempenho tecnológico.

Em virtude dessa problemática, os robôs marginalizados buscam a ascensão social, almejando alcançar condições para adquirirem os bens valorados pela sociedade em que vivem. Em virtude de tais problemáticas, o crime é muitas vezes alternativa para uma possibilidade de crescimento e valoração social.

Surge então um novo estigma social, em que o indivíduo robótico é rotulado por aquilo que supostamente cometeu. Surge, desta forma, uma coerção criminal, que não prima pela compreensão da complexidade do comportamento delitivo, somente ocorre às acusações e descriminações da sociedade do pré-julgamento, que estabelece relações altamente burocráticas, emaranhadas das duras engrenagens de desconfiança. Neste entendimento, faz-se imprescindível a compreensão do que consiste a Inteligência Digital e seu liame criminológico.

Os aspectos extrapenais, especificamente os *deletum sociali*, podem ser compreendidos como os relativos à falsa ressocialização e tratamento cruel que os condenados recebem quando reinseridos no cerne social, sendo impiedosamente deletados socialmente, podendo ser transfigurados também a uma sociedade onde robôs e humanos convivem juntos, em que os agentes digitais delitivos podem sofrer por tais efeitos.

Atualmente os efeitos extrapenais *deletum sociali*, recaem sobretudo aos humanos, porém futuramente, poderão recair sobre os agentes digitais delitivos. Assim sendo, os efeitos da condenação social extrapolam os criminais, segregando e excluindo os agentes delitivos na nova Era Digital.

Destarte, o que se iniciou por um desvio (primário) e levou o indivíduo robótico à prática delitiva, transforma-se em uma elaborada vivência, e o crime passa a ser algo intrínseco. Por conseguinte, a coerção social, a negligência praticada pelo Estado, a coerção social e a identidade delituosa adquirida durante o crime, caracterizam o desvio secundário do indivíduo robótico e este passa a usufruir de uma carreira criminosa. Desta forma, a sociedade que deveria servir para o acompanhamento e reflexão, afastando o indivíduo das práticas delituosas, alcança um caminho paradoxal e o transforma em um amante do crime, isto é, o que deveria "desencorajar o comportamento desviante operam, na realidade, de modo a perpetuá-lo." [47]

Todos esses fatores, por óbvio, servem para refletir sobre os próprios efeitos extrapenais *deletum sociali* estruturados pela sociedade. Portanto, esta, que deveria servir como receptora, leva o robô a delinquir, e, este efeito, fixa uma identificação desse indivíduo (dele para com ele mesmo) como um desviante, contribuindo diretamente para uma reiteração criminosa.

Por conseguinte, o robô excluído pela sociedade, por meio do encarceramento social, é muitas vezes levado à essa condição em virtude de sua qualidade social, na qual a própria marginalização faz com que o indivíduo queira integrar o corpo social, especialmente no que tange à valoração material. Tal engrenagem coercitiva é fruto dos efeitos extrapenais *delutum sociali*, elucidando a relevância da análise da temática, especificamente, faz-se necessário abordar como a segregação aos agentes digitais é estruturada pela sociedade.

Deste modo, é incontestável que os avanços tecnológicos estruturam uma relação entre indivíduos que se veem como diferentes, principalmente quando a humanidade segrega os robôs, ocorrendo disputas entre os mesmos. Todavia, a sociedade necessita trocar relações culturais com os agentes digitais, desconstruindo os preconceitos e estereótipos. Para atingir tal fim, é imprescindível a valoração dos objetivos preceituados pela Constituição Federal, buscando a construção de uma sociedade livre, justa e solidária; a garantia do desenvolvimento nacional; erradicar a marginalização; visando promover o bem de todos, sem preconceitos de origem, raça, sexo, cor, idade e quaisquer outras formas de discriminação. Portanto, faz-se necessário estruturar uma reeducação humanitária e ilidir o vácuo que a sociedade brasileira vem alicerçando.

Neste diapasão, estrutura-se a reeducação do indivíduo robótico, que recebeu o primeiro apoio da sociedade, havendo a desestruturação da estamentalização humana e social, mesmo que resquícios da qualidade social se façam presentes, estes serão desestabilizados com o avanço social. Este é o primeiro passo para se possibilitar a ressocialização do robô, após o seu processo de segregação social, reestruturando, desta forma, o próprio Estado Democrático de Direito.

Destarte, é possível efetivar a desestruturação da estamentalização na contemporaneidade, em que a sociedade possui papel imprescindível para que haja êxito;

sendo necessário que a mesma esteja no campo central para esta desestruturação. Estas alternativas são os caminhos propostos para a ideal reestruturação do indivíduo robótico, extirpando a rotulação de "diferente", "maior" ou "menor", principalmente, a qualificação de importância social entre o ser humano e o robô. Por conseguinte, haverá a justificação do próprio Estado Democrático de Direito, afastando-o de um saudosismo nefasto, referente aos períodos mais arbitrários da história do sistema penal, reestruturando a própria amplitude e complexidade social.

No século XXI, em plena era da informação, da democracia, da justiça, sociedades, por meio de uma seleção coercitiva, que além de excluir seres humanos também o fazem aos agentes digitais ou indivíduos robóticos, fazendo aumentar o vácuo humanitário. Neste diapasão, é imprescindível uma desestruturação da estamentalização social, da segregação, da coerção social e criminal, fruto dos efeitos extrapenais "deletum sociali", sopesados ainda, ao fato da não aceitação dos agentes digitais como envoltos nas relações afetivas, mas simplesmente como mecanismos de utilidades para a sociedade. Deve-se buscar, sobretudo, a recuperação da própria humanidade, que deveria nos definir.

Alternativas à essa problemática, e decorrente destruição da Síndrome de Narciso, vivenciada pela sociedade, é a propositura da rehumanização, reeducação, alinhados à políticas públicas eficazes, ilidindo a segregação, estamentalização social, coerção social e criminal na contemporaneidade e no futuro.

Outono de 2019

REFERÊNCIAS BIBLIOGRÁFICAS

ALMEIDA, João Ferreira de. **Temas e conceitos nas teorias da estratificação social.** Análise Social, p. 167-190, 1984.

ALVES, Eduardo Mesquita Pereira. **Constituição e constitucionalismo no Japão.** 2013.

AMARAL, Monica Guimaraes Teixeira do; CARONE, Iray. **Espectro de Narciso na modernidade: de Freud a Adorno.** 1995.Universidade de São Paulo, São Paulo, 1995.

ARGUELLO, Katie. **Do Estado social ao Estado penal:** invertendo o discurso da ordem. In: Anais do Congresso Paranaense de Criminologia. Londrina, mimeo, 2005.

ARNSPERGER, Christian. **Ética econômica e social.** Edições Loyola, 2003.

BAIA, Lhais Silva. **Semi-imputabilidade e medidas de segurança.** 2018. Canal Ciências Criminais. Disponível em: <https://canalcienciascriminais.com.br/semi-imputabilidade-medidas-de-seguranca/> Acesso em: 27 abr. 2019.

BARRETO, Kátia M. Mendonça. *A civilizing project:* Faoro revisited. Lua Nova: Revista de Cultura e Política, n. 36, p. 181-196, 1995.

BARROS, Ricardo Paes de; HENRIQUES, Ricardo; MENDONÇA, Rosane. **A estabilidade inaceitável:** desigualdade e pobreza no Brasil. 2001.

BARROS, Ricardo Paes de; HENRIQUES, Ricardo; MENDONÇA, Rosane. **Desigualdade e pobreza no Brasil: retrato de uma estabilidade inaceitável.** Revista Brasileira de Ciências Sociais, v. 15, n. 42, p. 123-42, 2000.

BAUMAN, Zygmunt. **Modernidade líquida.** Rio de Janeiro: Ed. Jorge Zahar, 2001.

BAUMAN, Zygmunt. **Comunidade: a busca por segurança no mundo atual.** Rio de Janeiro: Ed. Jorge Zahar, 2003.

BAUMAN, Zygmunt. **Arte da vida.** Rio de janeiro: Ed. Jorge Zahar, 2009.

BAUMAN, Zygmunt. **O mal-estar da pós-modernidade.** Rio de Janeiro: Zahar, 1998.

BERLINCK, Manoel T.. **Marginalidade social e relações de classe em São Paulo.** Petrópolis: Vozes, 1975.

BITENCOURT, Cezar Roberto. **Tratado de direito penal : parte geral 1** / Cezar Roberto Bitenco t. – 24. ed. – São

Paulo : Saraiva Educação, 2018.

BRASIL. **Constituição Federal de 1988.** Disponível em: <http://www.planalto.gov.br/ccivil_03/constituicao/constituição.htm>. Acesso em: 20 out. 2018.

BRASIL. **Lei nº 9.474, de 22 de julho de 1997. Estatuto do Refugiado.** Disponível em: <http://www.planalto.gov.br/ccivil_03/leis/l9474.htm>. Acesso em: 21 out. 2018.

BUSATO, Paulo César. **O Direito Penal e os paradigmas da revolução tecnológica.** Revista Eletrônica de Ciências Jurídicas. RECJ, v. 3, p. 1, 2006.

CARVALHO, Terciane Sabadini; ALMEIDA, Eduardo. **A hipótese da curva de Kuznets ambiental global:** uma perspectiva econométrico-espacial. Estudos Econômicos (São Paulo), v. 40, n. 3, p. 587-615, 2010.

COELHO, Gabriel. **Rosa Weber proíbe fechamento da fronteira do Brasil com a Venezuela.** Revista Consultor Jurídico. 2018. Disponível em: <https://www.conjur.com.br/2018-ago-06/rosaweber-proibe-fechamento-fronteira-brasil-venezuela>. Acesso em: 12 set. 2018.

CURY, Augusto. **Felicidade roubada.** 1º ed. – São Paulo: Saraiva, 2014.

CURY, Augusto. **O médico da humanidade e a cura da corrupção.** 1º ed. – São Paulo: Planeta, 2016.

DAGNINO, Evelina. **Os movimentos sociais e a emergência de uma nova noção de cidadania.** Anos, v. 90, p. 103-115, 1994.

DEMARTINI, Zeila de Brito Fabri. **Imigrantes: entre políticas, conflitos e preconceitos.** Cadernos Ceru, v. 21, n. 2, p. 49-75, 2010.

ELIAS, Norbert. **O processo civilizador.** Vol.1 e Vol. 2. Rio de Janeiro: Zahar, 2000.

FAVERET, Bianca Maria Sanches. **Eros no século XXI: Édipo ou Narciso.** Tempo Psicanalítico, v. 39, p. 35-50, 2007.

FERREIRA, Iverson Kech. **BAUMAN e a morte da tradicionalidade e o consumismo frenético.** 2016. Disponível em: <https://iversonkfadv.jusbrasil.com.br/artigos/397061683/bauman-e-a-morte-da-tradicionalidade-e-o-consumismo-frenetico>. Acesso em: 24 mai. 2018.

FIORIN, José Luiz. **A construção da identidade nacional brasileira.** Bakhtiniana, Revista de Estudos do Discurso, n. 1, 2009.

FUNDAÇÃO GETÚLIO VARGAS. **Imigração como vetor estratégico do desenvolvimento socioeconômico e institucional do Brasil.** 2012. Rio de Janeiro, 1992.

HAN, Byung-Chul. **Sociedade do Cansaço.** Trad. Enio Paulo Giachini. 2 ed. Petrópolis, RJ: Vozes, 2017.

HAN, Byung-Chul. **Topologia da violência**. Trad. Enio Paulo Giachini. Petrópolis, RJ: Vozes, 2017.

IANNI, Octávio. **O mundo do trabalho.** In: FREITAS, Marcos Cezas de (org.). **A reinvenção do futuro.** São Paulo: Cortez, 1996.

IANNI, Octávio. **Teoria da estratificação social:** leitura de sociologia. São Paulo: Editora Nacional, 1973.

LE GOFF, Jacques. **A Civilização do Ocidente Medieval.** Trad. de José Rivair de Macedo. Bauru: Edusc, 2005.

LÖWY, Michael. **A teoria do desenvolvimento desigual e combinado.** Revista Outubro, v. 1, n. 01, p. 70-80, 1995.

MACEDO, Adriana C. et al. **Violência e desigualdade social:** mortalidade por homicídios e condições de vida em Salvador, Brasil. Revista de Saúde Pública, v. 35, p. 515-522, 2001.

MARTINS, José de Souza. **A sociedade vista do abismo:** novos estudos sobre exclusão, pobreza e classes sociais. Petrópolis: Vozes, 2002.

MARTINS, José de Souza. **Exclusão social e a nova desigualdade.** São Paulo: Ed. Paulus, 1997.

OUTHWAITE, William. **Dicionário do pensamento social do século XX**. Zahar, 1996.

PARR. **Programa de apoio para a recolocação dos refugiados**. 2011. Disponível em: <https://www.refugiadosnobrasil.org/>. Acesso em: 12 jan. 2019.

SANTOS, Gabriel Carvalho dos. **Advogados criminalistas serão um dia substituídos por robôs?** 2018. Canal Ciências Criminais. Disponível em: <https://canalcienciascriminais.com.br/criminalistas-substituidos-por-robos/>. Acesso em: 12 abr. 2019.

SANTOS, Milton. **O espaço do cidadão.** São Pauto: Nobel, 1987.

SAWAIA, Bader. **As artimanhas da exclusão: análise psicossocial e ética da desigualdade social**. Editora Vozes Limitada, 2017.

SOARES, Luiz Eduardo. **Justiça:** pensando alto sobre violência, crime e castigo. 1º ed. – Rio de Janeiro: Nova Fronteira, 2011.

SOUZA, Jessé. **É preciso teoria para compreender o Brasil contemporâneo?** In: SOUZA, Jessé (org.). A invisibilidade da desigualdade brasileira. Belo Horizonte: Ed. UFMG, 2006.

SPOSATTI, Aldaíza. **Mapa da Exclusão/Inclusão na cidade de São Paulo.** São Paulo: EDUC, 1996.

STANLEY, Jason. **Como funciona o fascismo.** A política do "nós" e "eles". Trad. Bruno Alexsander. Porto Alegre: L&PM,

2018.

TELLES, Vera. **Pobreza e Cidadania:** duas categorias antinômicas. Mínimos de Cidadania: ações afirmativas de enfrentamento da exclusão social. Cadernos do Núcleo de Seguridade e Assistência Social, PUC-SP, 1996.

XIBERRAS, Martine. *Jjes théories de l'exclusion*. Paris: Méridiens Klincksieck, 1993.

WANDERLEY, Mariangela Belfiore. **Refletindo sobre a noção de exclusão. As artimanhas da exclusão:** análise psicossocial e ética da desigualdade social, v. 2, n. 2, 1999.

---

[1]HAN, Byung-Chul. **Sociedade do Cansaço.** Trad. Enio Paulo Giachini. 2 ed. Petrópolis, RJ: Vozes, 2017, p. 7-8.

[2]Ibid., p. 10.

[3]Ibid., p. 10-11.

[4]HAN, Byung-Chul. **Topologia da Violência.** Trad. Trad. Enio Paulo Giachini. Petrópolis, RJ: Vozes, 2017, p. 61.

[5]Ibid., p. 61.

[6]Ibid., p. 65.

[7]Ibid., p. 102.

[8]STANLEY, Jason. **Como funciona o fascismo.** A política do "nós" e "eles". Trad. Bruno Alexsander. Porto Alegre: L&PM, 2018, p. 15.

[9]"Aqueles que se beneficiam das desigualdades tendem a acreditar que conquistaram seu privilégio, uma ilusão que os impede de ver a realidade como ela é. Mesmo aqueles que comprovadamente não se beneficiam das hierarquias podem ser levados a acreditar que sim; daí o uso do racismo para enredar cidadãos brancos pobres nos Estados Unidos, apoiando cortes de impostos para brancos extravagantemente ricos que por acaso têm a mesma cor de pele que eles." (Ibid., p. 83).

[10] Doutoranda em Direito, pela Faculdade Autônoma de Direito de São Paulo. Professora de Direito Penal e Processo Penal. Também vinculada ao Grupo de Pesquisa Direito, Políticas Públicas e Interdisciplinaridade (GPDPPI), do Centro Universitário Integrado. Focaliza a pesquisa crítica e

reflexiva, no alcance da tutela de interesses supraindividuais, com enfoque no Direito Penal e ênfase em Direito Processual Penal.

[11]XIBERRAS, Martine. *Ijes théories de l'exclusion*. Paris: Méridiens Klincksieck, 1993. p. 21.

[12]MARTINS, José de Souza. **Exclusão social e a nova desigualdade.** São Paulo: Ed. Paulus, 1997. pp. 16-17.

[13]SPOSATTI, Aldaíza. **Mapa da Exclusão/Inclusão na cidade de São Paulo.** São Paulo: EDUC, 1996.

[14] BAUMAN, Zygmunt. **Modernidade líquida.** Rio de Janeiro: Ed. Jorge Zahar, 2001.

[15] BAUMAN, Zygmunt. **O mal-estar da pós-modernidade.** Rio de Janeiro: Zahar, 1998.

[16] HAN. Byung-Chul. **Sociedade do Cansaço.** Petrópolis, RJ : Vozes, 2017.

[17] CARVALHO, Marilia Gomes de. **Tecnologia, desenvolvimento social e educação tecnológica.** 1997.

[18] Termo criado por aspiração da presente obra objetivando melhor compreensão e especificação da abordagem pretendida. A adequação ao termo permite a possibilidade da criminologia digital para o futuro, configurando novas vertentes ao Direito Penal.

[19] Modalidade de agente criada por aspiração da presente obra, para identificar os operadores da inteligência digital, ademais, especificamente os agentes digitais delitivos.

[20]LE GOFF, Jacques. **A Civilização do Ocidente Medieval.** Trad. de José Rivair de Macedo. Bauru: Edusc, 2005. p. 218.

[21]*Ibidem.*

[22]OUTHWAITE, William. **Dicionário do pensamento social do século XX.** Zahar, 1996.

[23]ALVES, Eduardo Mesquita Pereira. **Constituição e constitucionalismo no Japão.** 2013.

[24] SANTOS, Gabriel Carvalho dos. **Advogados criminalistas serão um dia substituídos por robôs?** 2018. Canal Ciências Criminais. Disponível em: <https://canalcienciascriminais.com.br/criminalistas-substituidos-por-robos/>. Acesso em: 12 abr. 2019.

[25]AMARAL, Monica Guimaraes Teixeira do; CARONE, Iray. **Espectro de Narciso na modernidade: de Freud a Adorno.** 1995.Universidade de São Paulo, São Paulo, 1995.

[26] HAN, Byung-Chul. **Topologia da violência.** Trad. Enio Paulo Giachini.

Petrópolis, RJ: Vozes, 2017, p. 60-62.

[27]FAVERET, Bianca Maria Sanches. **Eros no século XXI: Édipo ou Narciso.** Tempo Psicanalítico, v. 39, p. 35-50, 2007.

[28]BAUMAN, Zygmunt. **Arte da vida.** Rio de janeiro: Ed. Jorge Zahar, 2009. p.21.

[29]FERREIRA, Iverson Kech. **Bauman e a morte da tradicionalidade e o consumismo frenético.** 2016. Disponível em: <https://iversonkfadv.jusbrasil.com.br/artigos/397061683/bauman-e-a-morte-da-tradicionalidade-e-o-consumismo-frenetico>.

[30] BITENCOURT, Cezar Roberto. **Tratado de direito penal : parte geral 1** / Cezar Roberto Bitencourt. – 24. ed. – São Paulo : Saraiva Educação, 2018.

[31] BAIA, Lhais Silva. **Semi-imputabilidade e medidas de segurança.** 2018. Canal Ciências Criminais. Disponível em: <https://canalcienciascriminais.com.br/semi-imputabilidade-medidas-de-seguranca/> Acesso em: 27 abr. 2019.

[32] Expressão criada por aspiração da presente obra para melhor compreensão e especificação da abordagem pretendida, qual seja, os efeitos extrapenais que criam os deletados sociais. A adequação ao termo se dá tanto para os efeitos sofridos por humanos, quanto por robôs detentores de Inteligência Digital.

[33] SHECAIRA, Sérgio Salomão. **Criminologia.** São Paulo: Revista dos Tribunais, 2004. p. 296.

[34] BARATTA, Alessandro. **Criminologia Crítica e Crítica ao Direito Penal:** introdução à sociologia do direito penal. [Tradução Juarez Cirino dos Santos]. 6. ed. Rio de Janeiro: Revan: Instituto Carioca de Criminologia, 2011. p. 90.

[35] BARATTA, Alessandro. **Criminologia Crítica e Crítica ao Direito Penal:** introdução à sociologia do direito penal. [Tradução Juarez Cirino dos Santos]. 6. ed. Rio de Janeiro: Revan: Instituto Carioca de Criminologia, 2011. p. 90.

[36] SHECAIRA, Sérgio Salomão. **Criminologia.** São Paulo: Revista dos Tribunais, 2004. p. 297.

[37] BARATTA, Alessandro. **Criminologia Crítica e Crítica ao Direito Penal:** introdução à sociologia do direito penal. [Tradução Juarez Cirino dos Santos]. 6. ed. Rio de Janeiro: Revan: Instituto Carioca de Criminologia, 2011. p. 90.

[38] CURY, Augusto. **O médico da humanidade e a cura da corrupção.** 1º ed. – São Paulo: Planeta, 2016. p.30.

[39] Terminologia estruturada para os fins didáticos desta obra, objetivando a elucidação da exclusão social e criminal intensificada pela própria sociedade.

[40]SOARES, Luiz Eduardo. **Justiça:** pensando alto sobre violência, crime e castigo. 1º ed. – Rio de Janeiro: Nova Fronteira, 2011. p. 101.

[41]BRASIL. **Lei nº 9.474, de 22 de julho de 1997. Estatuto do Refugiado.** Disponível em: <http://www.planalto.gov.br/ccivil_03/leis/19474.htm>.

[42]FIORIN, José Luiz. **A construção da identidade nacional brasileira.** Bakhtiniana, Revista de Estudos do Discurso, n. 1, 2009.

[43]FUNDAÇÃO GETÚLIO VARGAS. **Imigração como vetor estratégico do desenvolvimento socioeconômico e institucional do Brasil.** 2012. Rio de Janeiro, 1992.

[44]PARR. **Programa de apoio para a recolocação dos refugiados.** 2011. Disponível em: <https://www.refugiadosnobrasil.org/>.

[45]DEMARTINI, Zeila de Brito Fabri. **Imigrantes: entre políticas, conflitos e preconceitos.** Cadernos Ceru, v. 21, n. 2, p. 49-75, 2010.

[46]BRASIL. **Constituição Federal de 1988.** Disponível em: <http://www.planalto.gov.br/ccivil_03/constituicao/constituição.htm>.

[47] SHECAIRA, Sérgio Salomão. **Criminologia.** São Paulo: Revista dos Tribunais, 2004. p. 297.

Over 700 Everyday
Items Turned into Art

KELLY KEKO

ROCK
POINT

Contents

Introduction

To draw is to represent an object or idea in a pictorial way. The goal isn't always to make a realistic drawing; sometimes it's to make a stylized one—one that not only represents you but also, in the case of this book, is cute.

Though I'm a professional illustrator, I like to tell everyone that they can draw too. Yes, even you can draw! This book is for everyone: those who think they don't know how to draw, those who already know how to draw but want to learn a different way, adults who want to draw cocktail shakers, children who want to draw farm animals, and people who simply want to look at pages of fun illustrations categorized into themes.

You can choose to follow these tutorials however you like, such as for the pleasure of simply sketching or for clearing your head, as if doodling while on a phone call. You may also want to embellish your notebooks with images or create your own worlds. Drawing is about bringing a little joy into your daily life, being creative, and expanding your imagination.

You don't need any special tools to get started, but I'll start with some recommendations, as well as drawing tips.

TOOLS & TIPS

You will see in the step-by-step tutorials that sometimes a line turns into a dashed line, like here:

This dashed line means that you need to erase it. When initially drawing these lines that will need be erased, I suggest applying less pressure with your pencil. This step happens often in the tutorials, especially when the base is a simple geometric shape, or when it's easier to draw a straight line and then add texture. This helps you understand how the illustration is composed. You can skip this step if you're already an ace at drawing; otherwise, I recommend:

PENCIL

ERASER

Then, you can keep your line as it is in pencil. I really like to use a dark colored pencil, something a little bolder, such as the brown used throughout this book. But you can also go over your drawing with an ink pen. This can be helpful for erasing your pencil lines more cleanly. (Make sure that the ink is completely dry first!)

COLORED
PENCIL

BLACK
INK PEN

BROWN
INK PEN

To color your drawings, use whatever tools you prefer. It will also depend on your paper or notebook, so do some tests and see what works best. Colored pencils, markers, watercolors, and pastels can all give great results. I like to use alcohol markers with the brown colored-pencil line, but these tools work best on fine art paper that is very smooth.

COLORED
PENCIL

MARKER

WATERCOLOR

PASTEL

I recommend using a limited color palette so you don't get distracted. Choose a few colors that go well together and will allow you to represent just about anything, even if it means taking liberties with the actual color of the item you're drawing.

Of course, in addition to drawing on paper, you can use a digital tool like a drawing tablet. There are texture brushes that mimic traditional drawing techniques, like the ones I used in this book!

kelly keko

SPRING

Fruits & Vegetables

RADISH

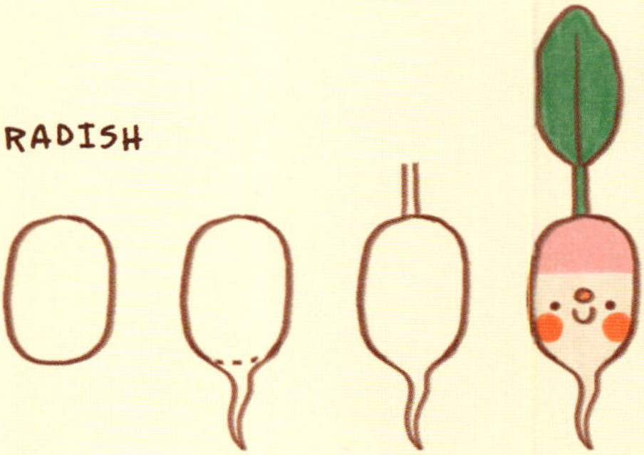

STRAWBERRY

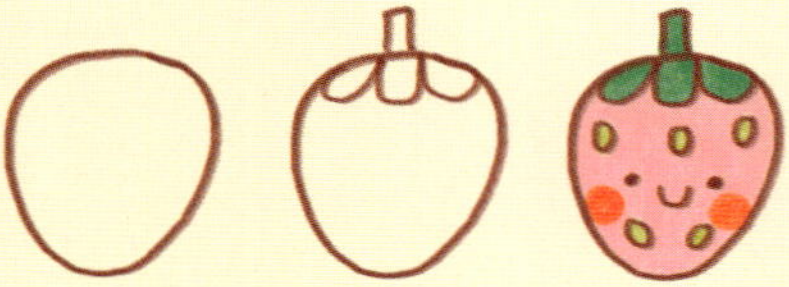

BROCCOLI

EARLY CARROT

PEAS

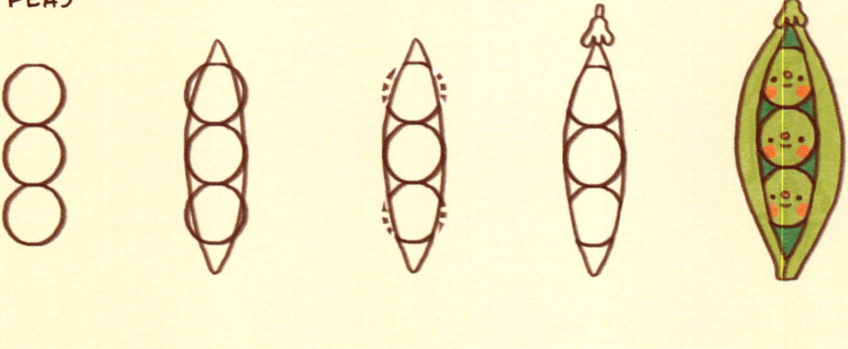

ARTICHOKE

RHUBARB

FENNEL

ASPARAGUS

WILD GARLIC

SPRING ONION

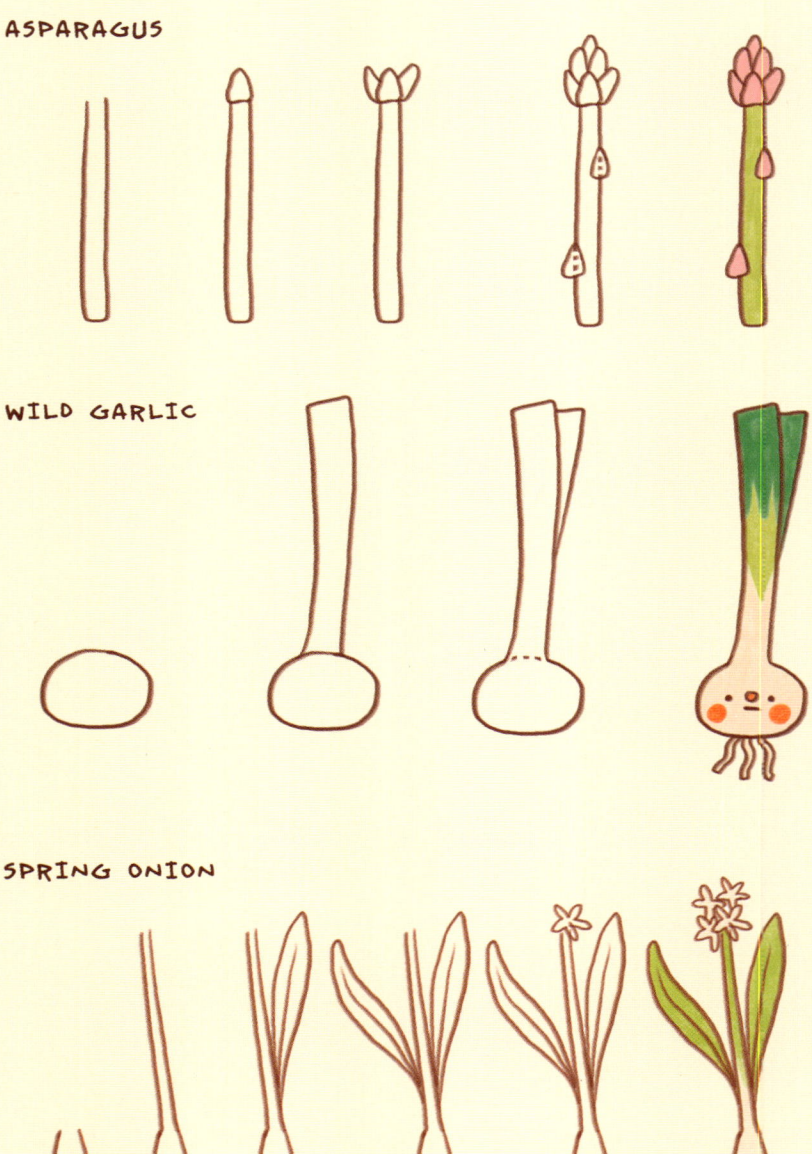

Flowers

DAFFODIL

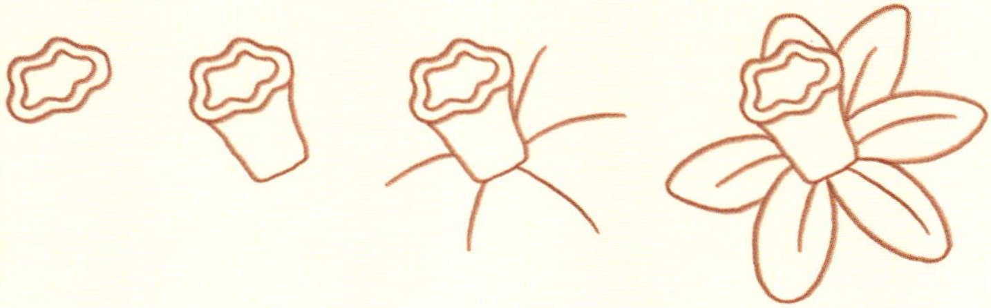

ROSE

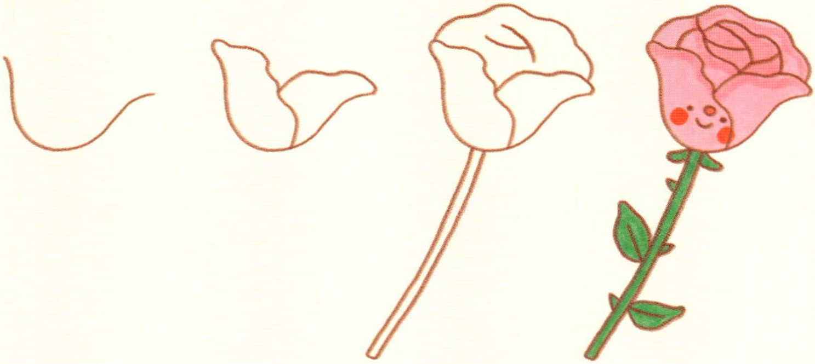

ARUM

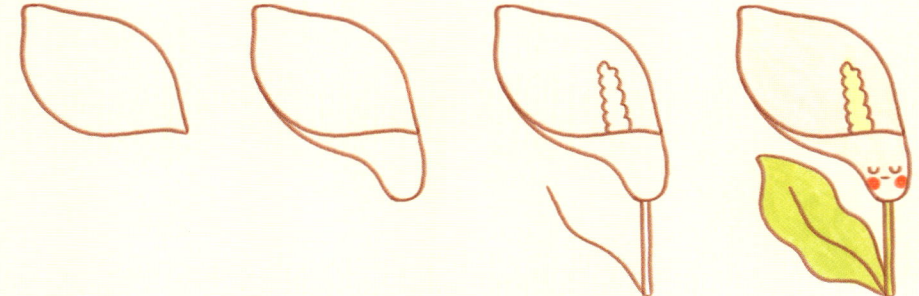

* 13 *

TULIP

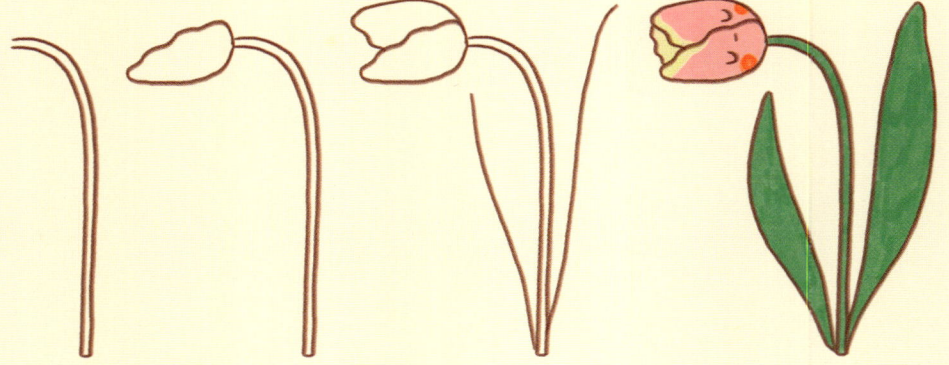

ANEMONE

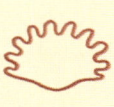   

PEONY

IRIS

LILY OF THE VALLEY

VIOLET

LILAC

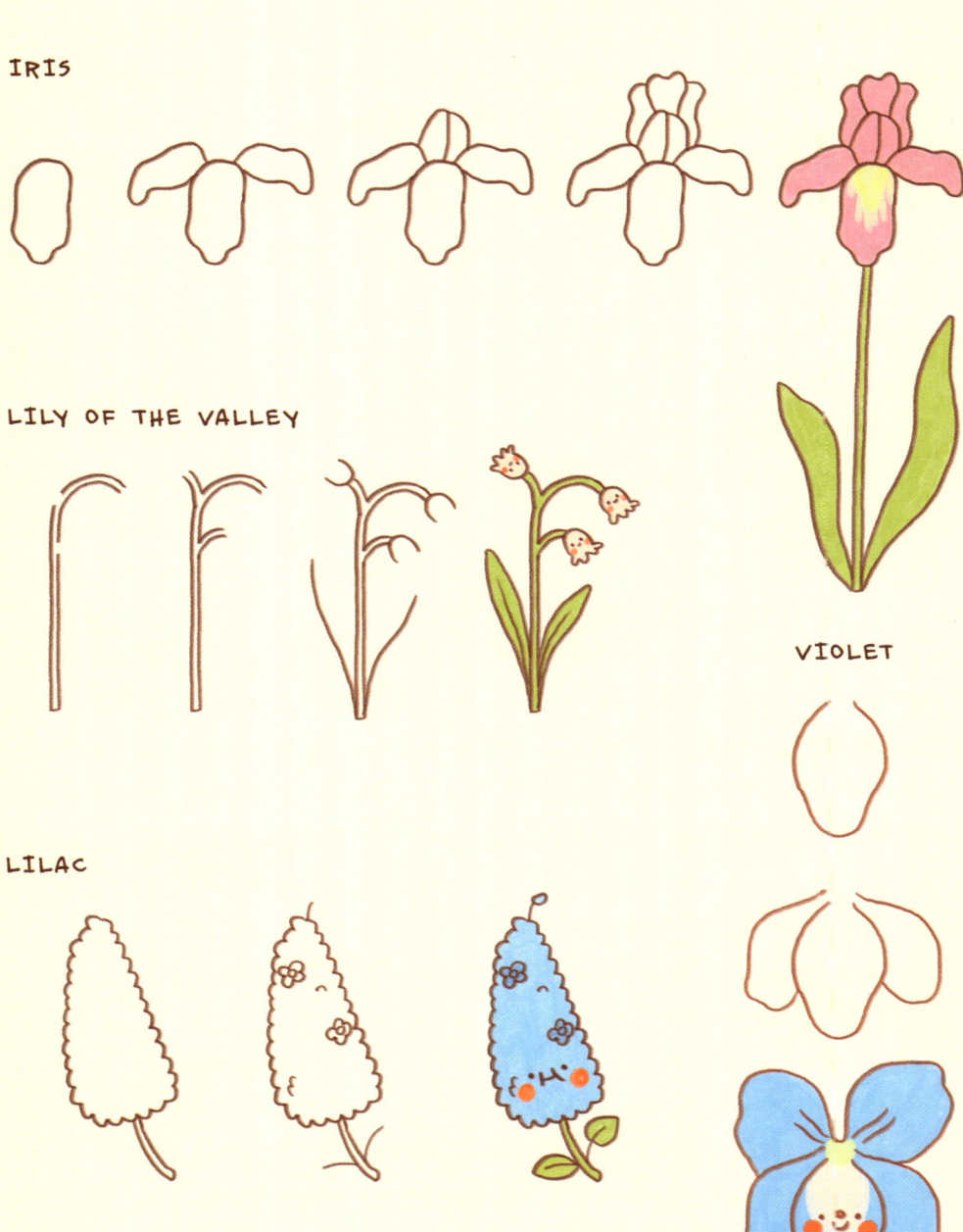

Spring Cleaning

SPARKLING CLEAN

CLEAN LINENS

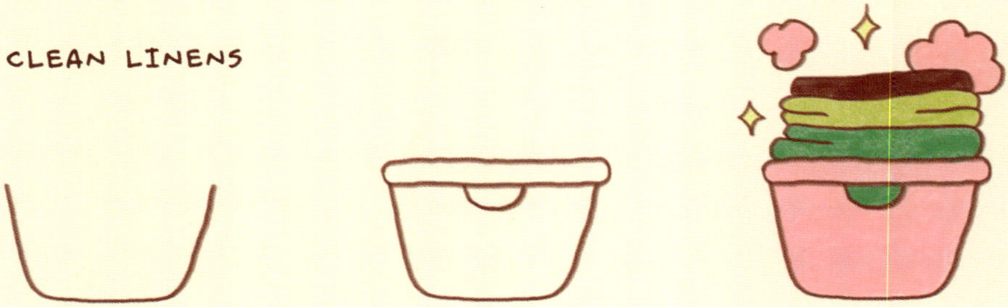

FEATHER DUSTER

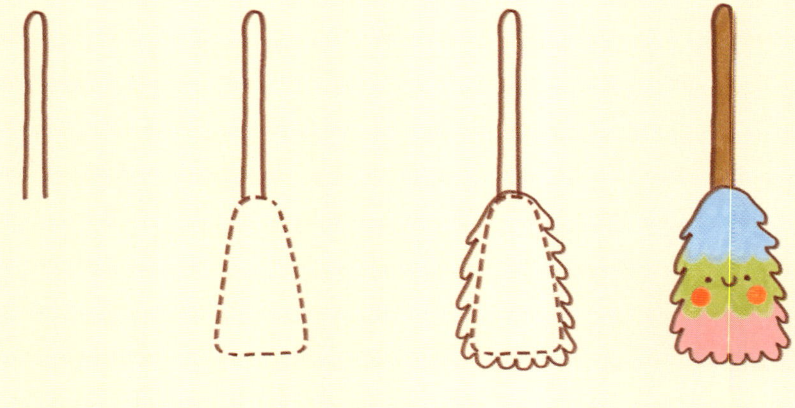

MOTIVATION

VACUUM CLEANER

SPRAY BOTTLE

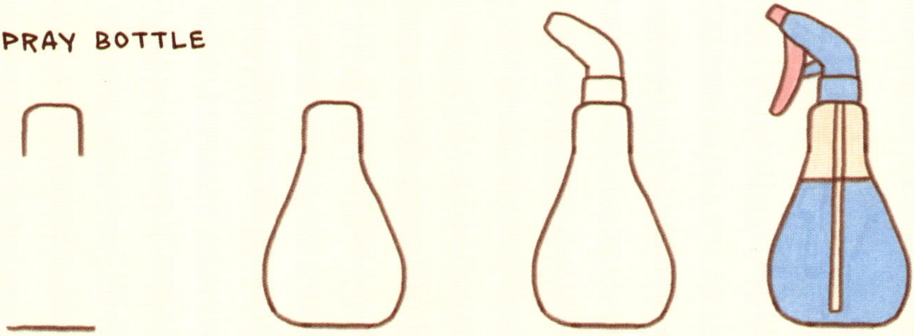

WASHING MACHINE

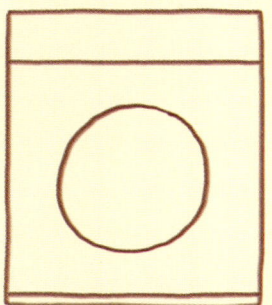

SPONGE

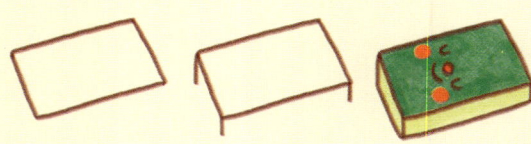

ERGONOMIC SPONGE

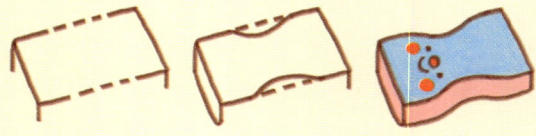

LAUNDRY DETERGENT

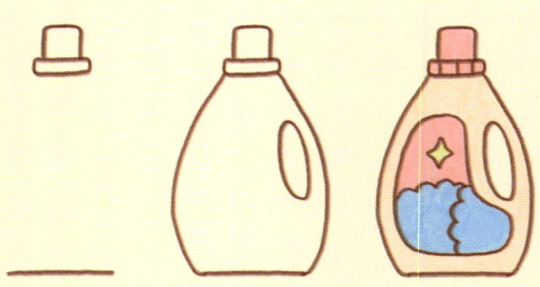

TRASH BAG

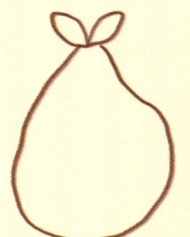

Gardening

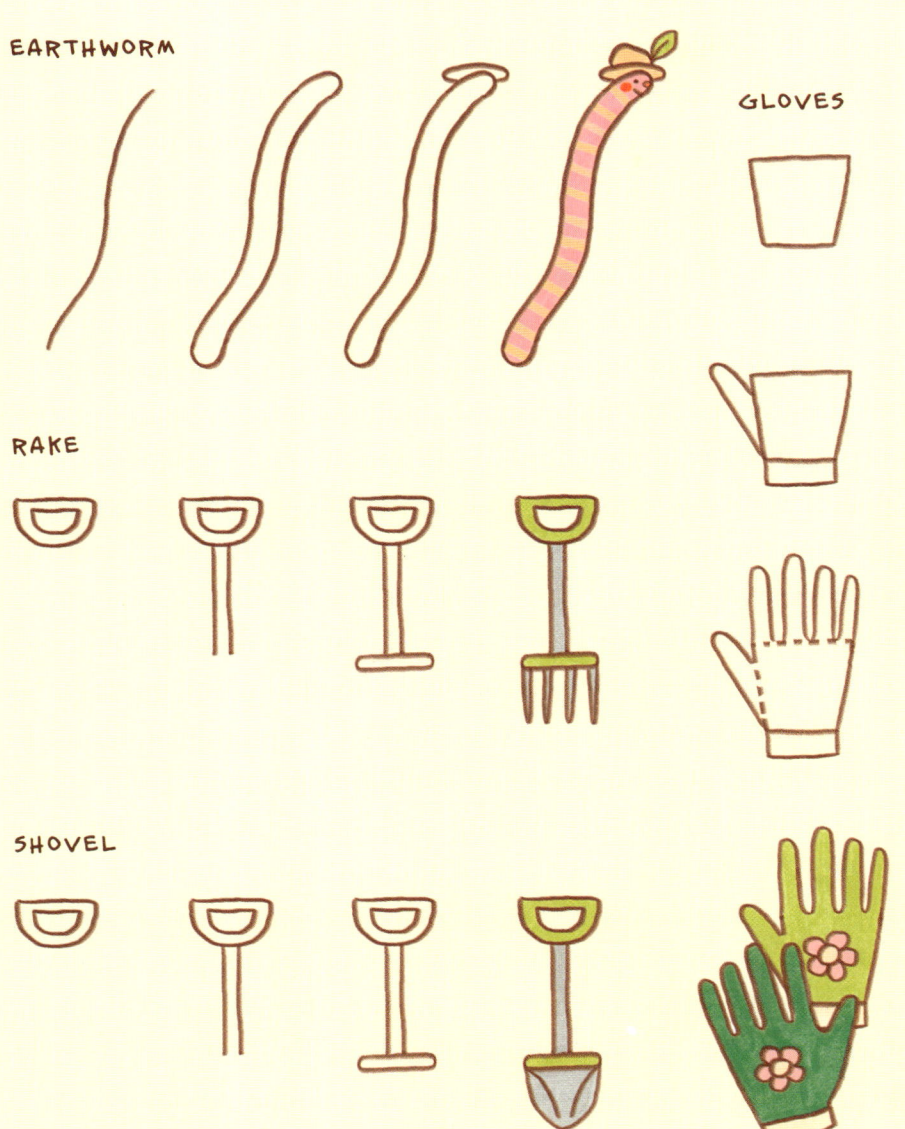

EARTHWORM

GLOVES

RAKE

SHOVEL

TOMATO PLANT

WATERING CAN

RUBBER BOOT

BAG OF SOIL

TERRA-COTTA POT

SPROUT

  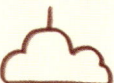 

PRUNING SHEARS

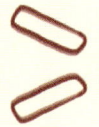  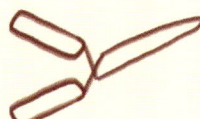 

LETTUCE

SEED PACKETS

 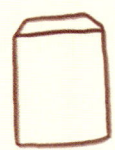  

SUMMER

Fruits & Vegetables

CHERRIES

 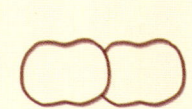 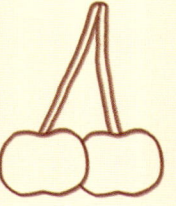 

NECTARINE

EGGPLANT

APRICOT

BASIL

ZUCCHINI

FIG

LEMON

WATERMELON

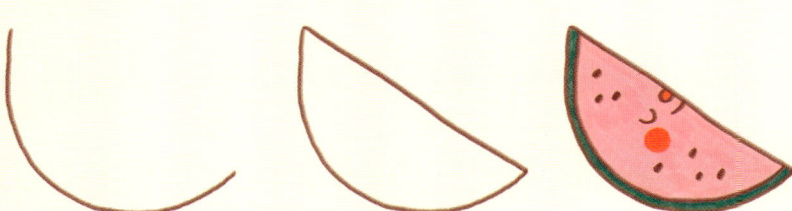

RASPBERRY

SWISS CHARD

ARUGULA

TOMATO

CANTALOUPE

BELL PEPPER

Flowers

GERBERA DAISY

  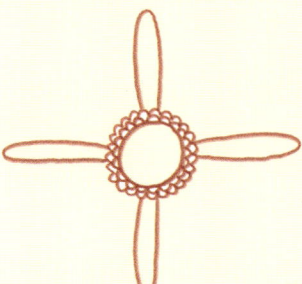 

DAHLIA

SUNFLOWER

 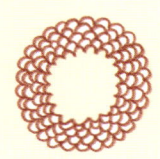 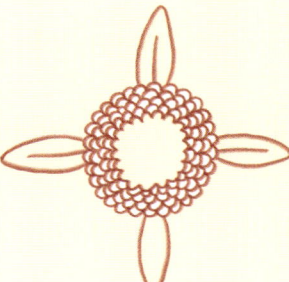 

HYDRANGEA

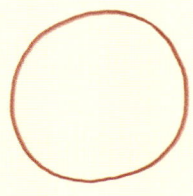 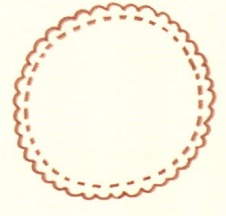 

BELLFLOWER

LILY

CARNATION

GARDENIA

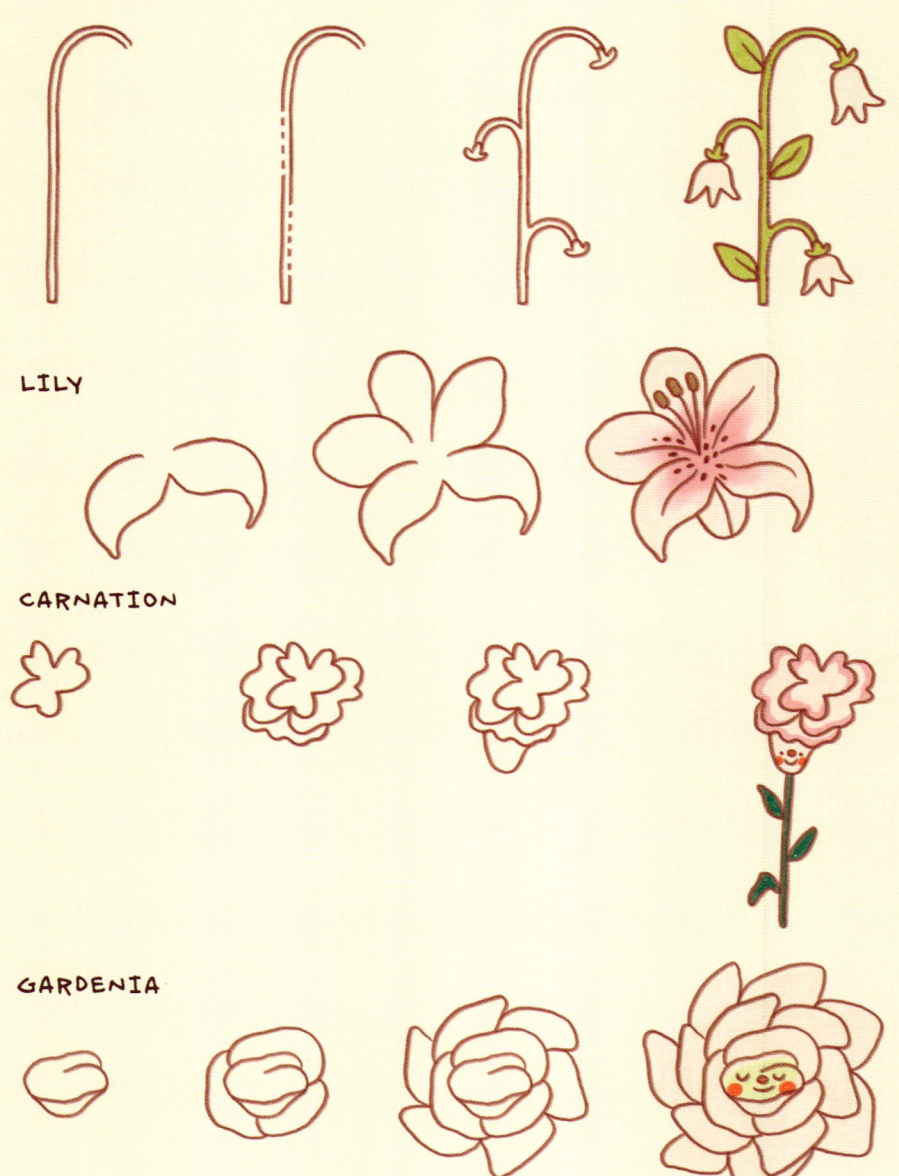

FAREWELL TO SPRING

THISTLE

LAVENDER

BIRD-OF-PARADISE

Stargazing

MOON

ROCKET

GALAXY

METEOR

PLANET

COMET

FLYING SAUCER

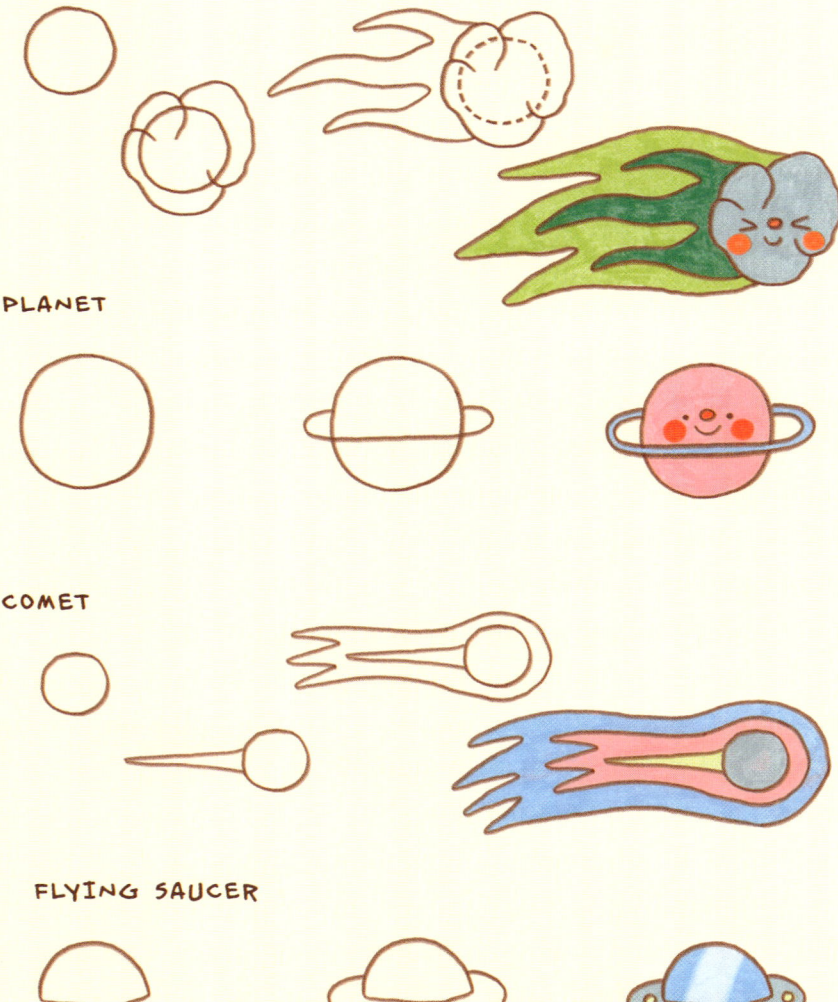

SHOOTING STAR 1

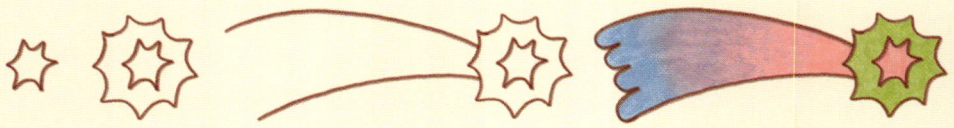

SHOOTING STAR 2

SHOOTING STAR 3

STAR

SHOOTING STAR 4

Music Festival

DRUM

VIOLIN

DRUM KIT

MARACAS

TRUMPET

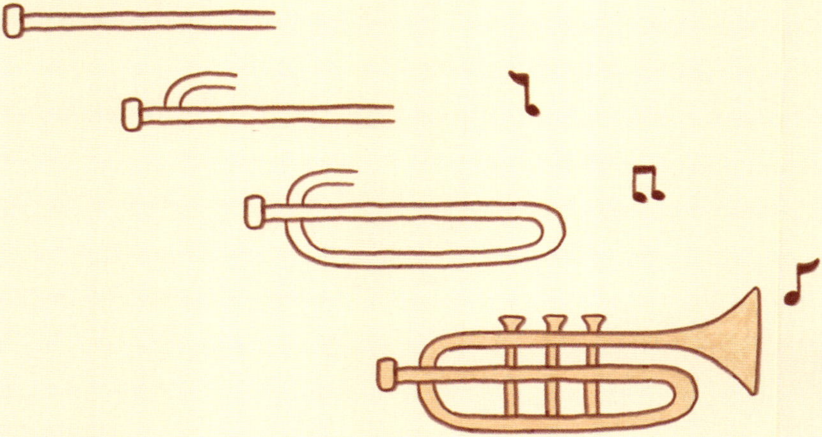

GUITAR

TWO EIGHTH NOTES

EIGHTH NOTE

SAXOPHONE

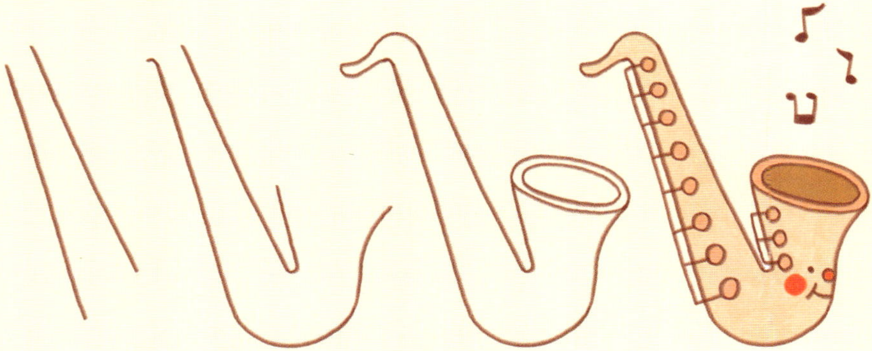

KEYBOARD

Cookout

CHEF HAT

HOT DOG

KEBAB

BAG OF CHIPS

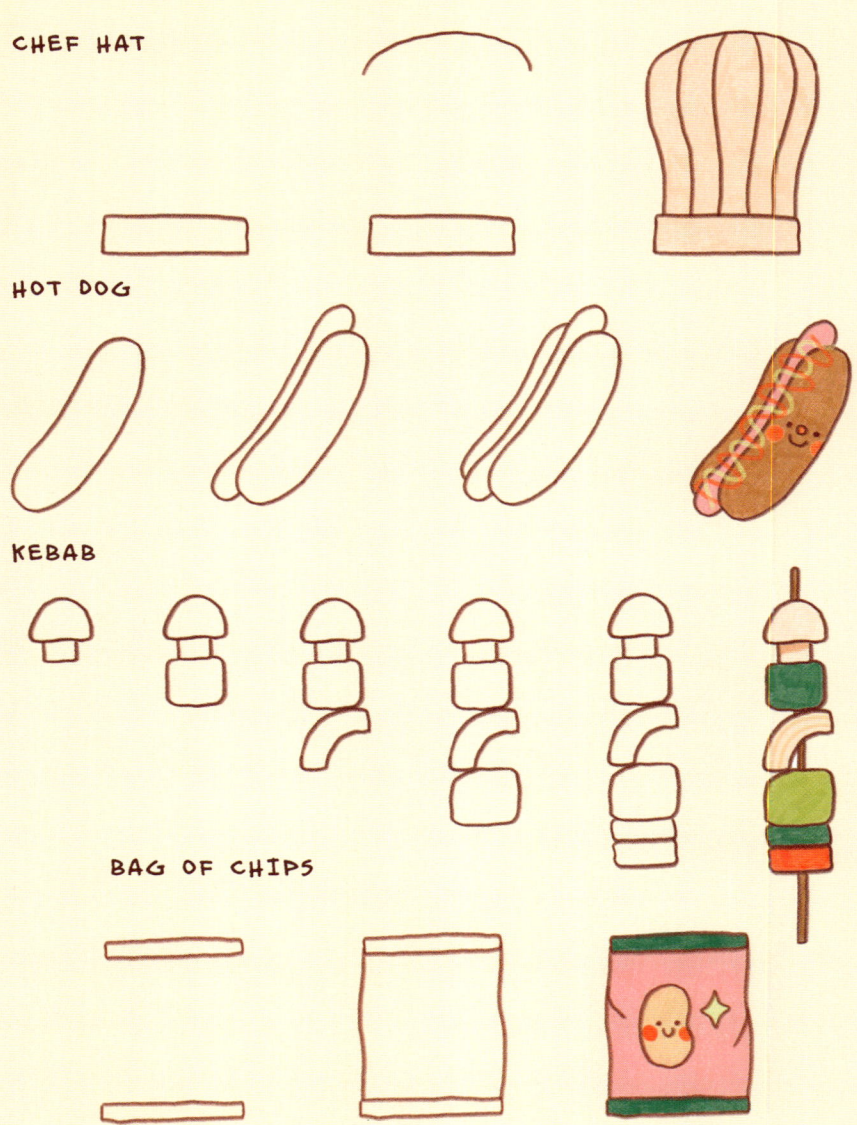

MUSTARD

BEER BOTTLE

LANTERN

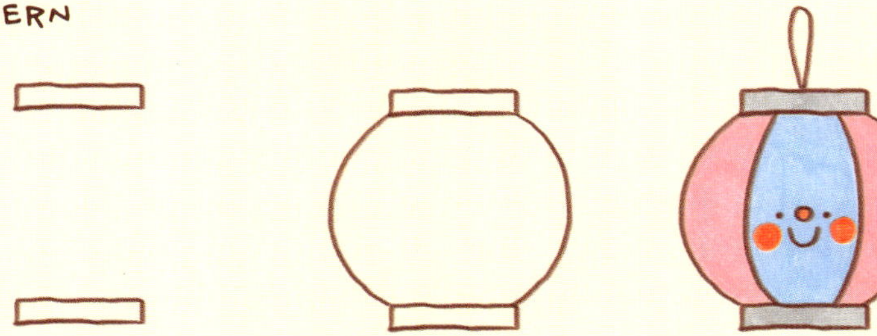

KETCHUP

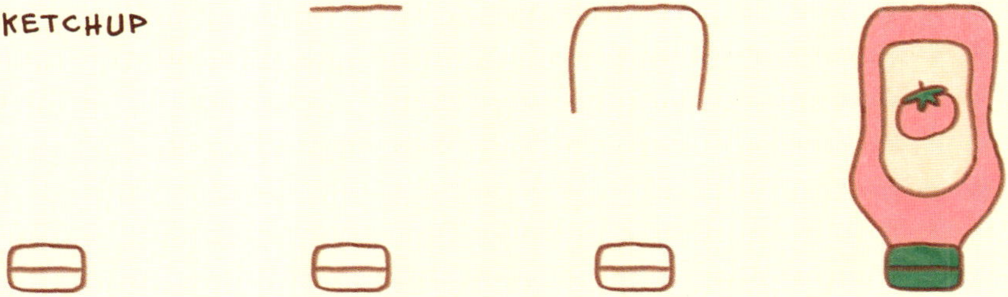

EAR OF CORN

SUN

GRILL SPATULA

HOT PEPPER

BUNTING

Vacation

SUITCASE

RUBBER STAMP

AIRPLANE TICKET

AIRPLANE

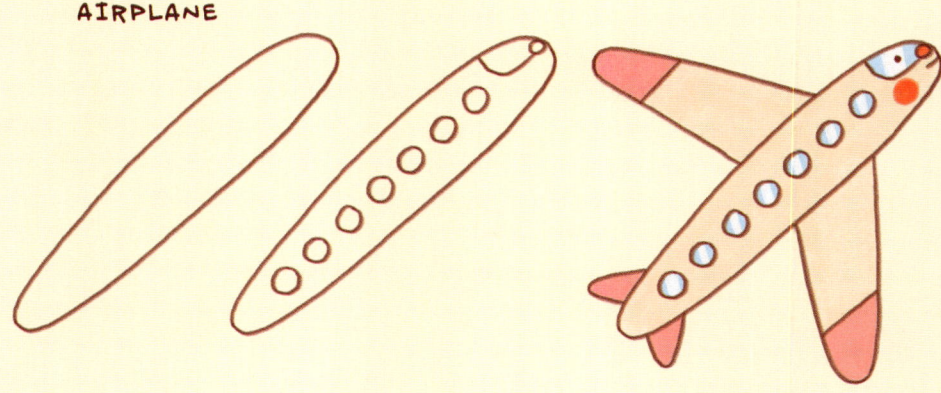

POSTAGE STAMP

WINDOW

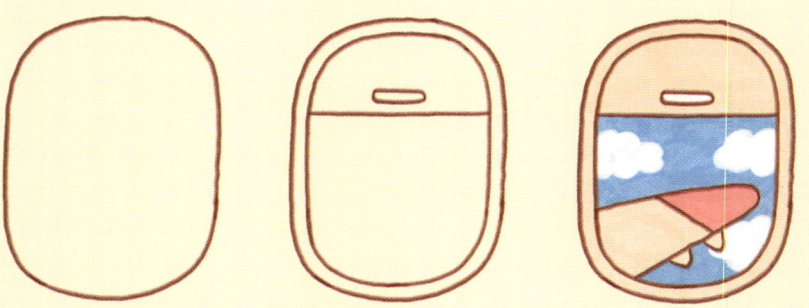

PASSPORT

HOTEL KEY

CAMERA

COIN PURSE

AUTUMN

Fruits & Vegetables

BUTTERNUT SQUASH

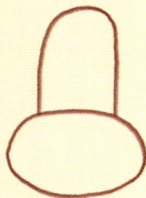 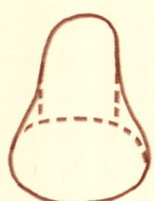 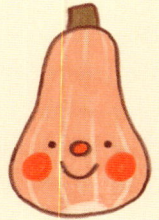

RED KURI SQUASH

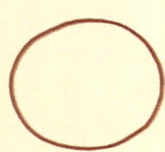  

WINTER SQUASH

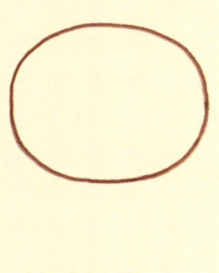  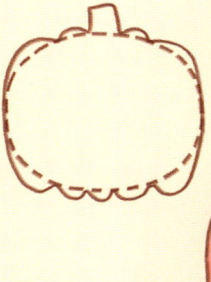 

KABOCHA SQUASH

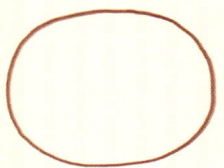 

PATTYPAN SQUASH

ROMANESCO

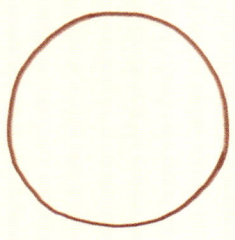  

WALNUT

  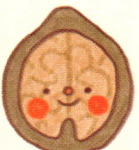

BEET

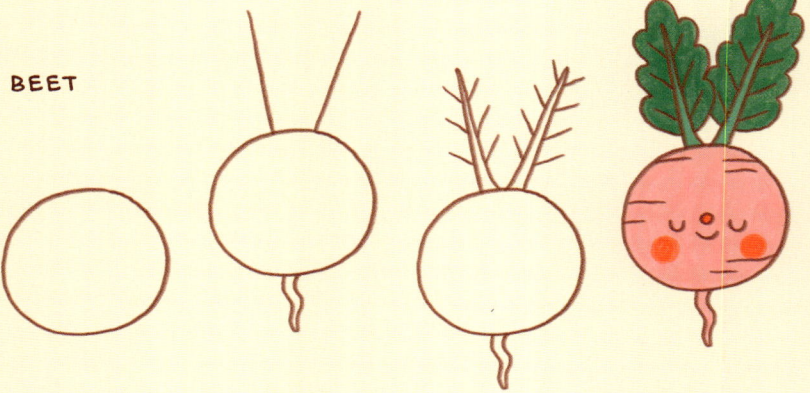

PEAR

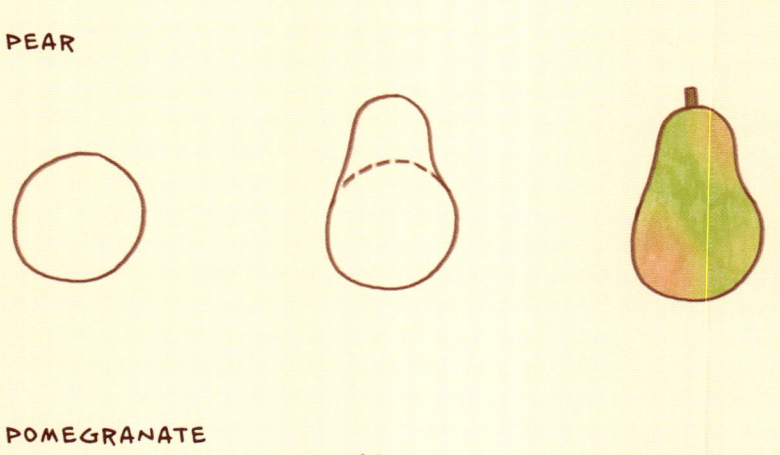

POMEGRANATE

HAZELNUT

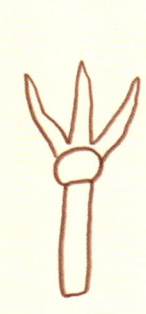

SQUASH BLOSSOM

CELERY

Flowers

COTONEASTER

CELOSIA

CROCUS

ROSE OF AUTUMN CAMELLIA

ZINNIA

CONEFLOWER

 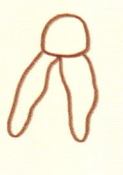 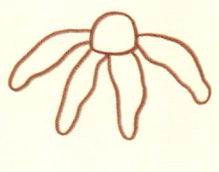 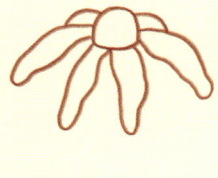 

CHRYSANTHEMUM

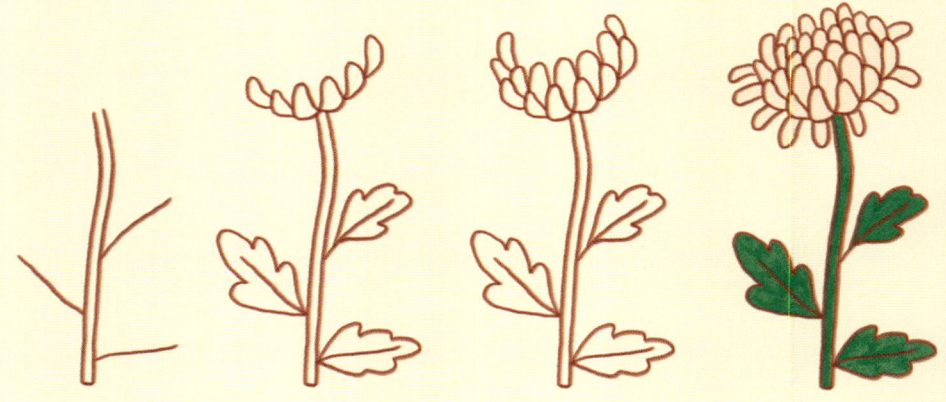

COSMOS

CLEMATIS

STONECROP

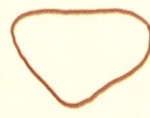  

Halloween

WITCH

SKULL

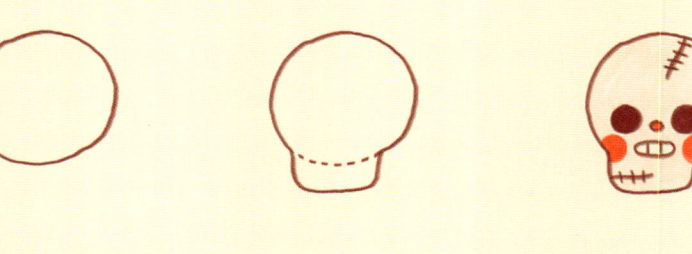

WITCH'S BROOM

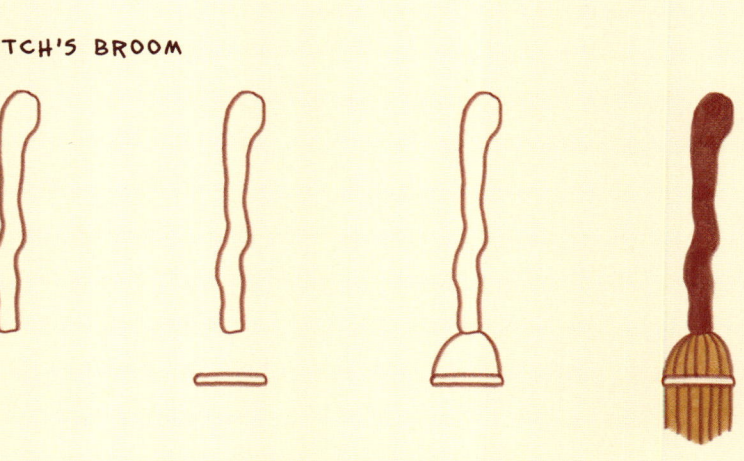

PUMPKIN

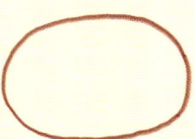  

PUMPKIN LANTERN

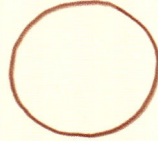  

BAT

  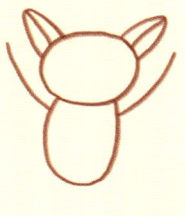 

BAT COSTUME

CANDY

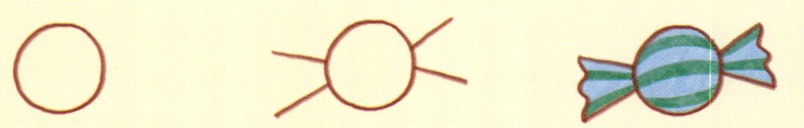

PUMPKIN COSTUME

GHOST

FLYING BAT

HAUNTED HOUSE

Hiking

BERET

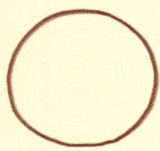  

RAIN BUCKET HAT

CHESTNUT IN HUSK

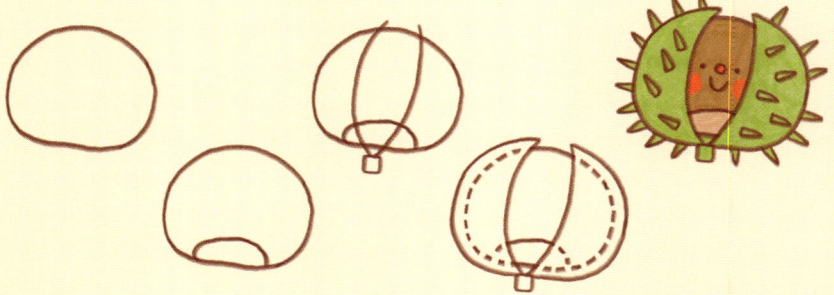

RAIN

THERMOS

UMBRELLA

MAPLE LEAF

OAK LEAF

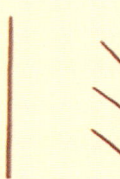 

CHESTNUT LEAF

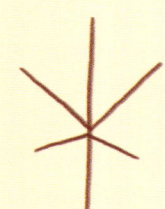 

HELICOPTER SEEDS

  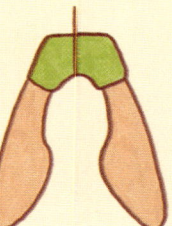

ACORN

BRANCH

PINE CONE

BASKET OF MUSHROOMS

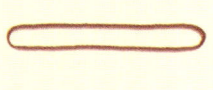 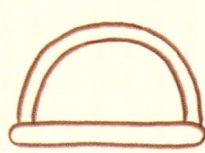  

WINTER

Fruits & Vegetables

RUTABAGA

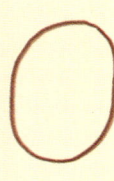 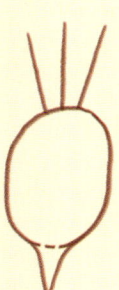 

ORANGE

  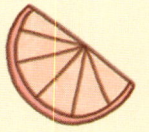

CLEMENTINE

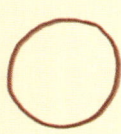  

CHINESE ARTICHOKE

 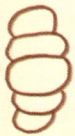 

PARSNIP

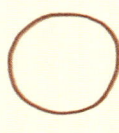  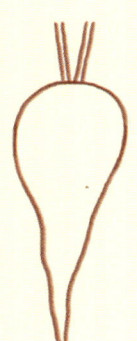 

APPLE

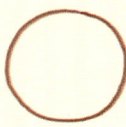   

TURNIP

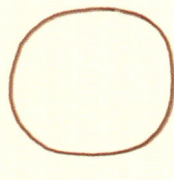  

CELERY ROOT

ENDIVE

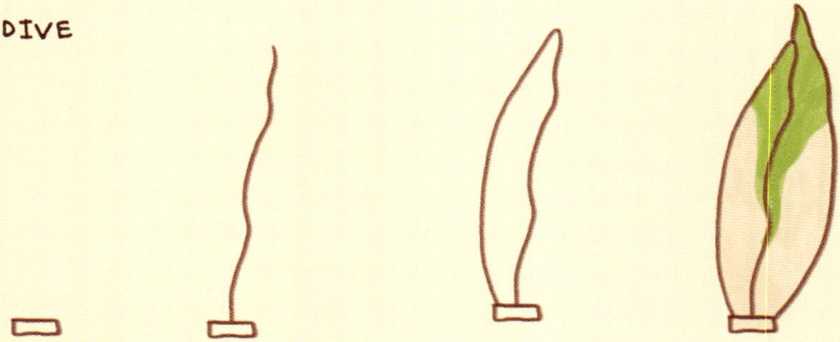

ONION

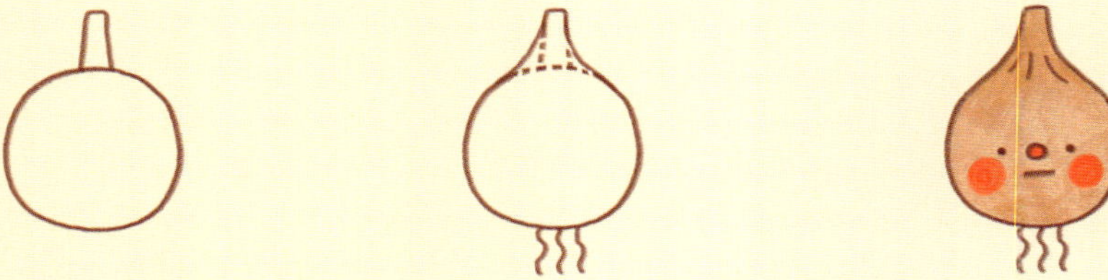

RED CABBAGE

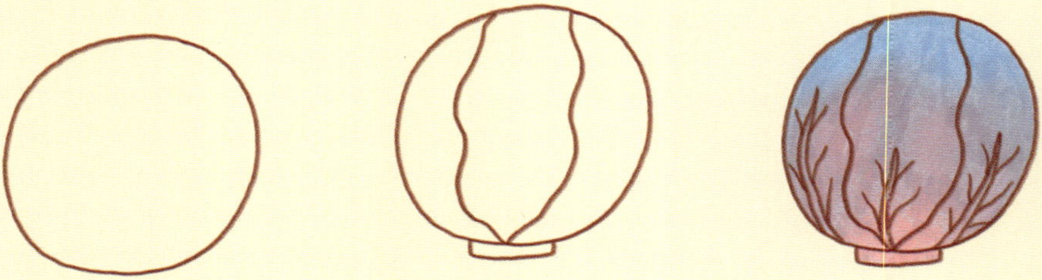

GREEN CABBAGE

BRUSSELS SPROUT

LEEK

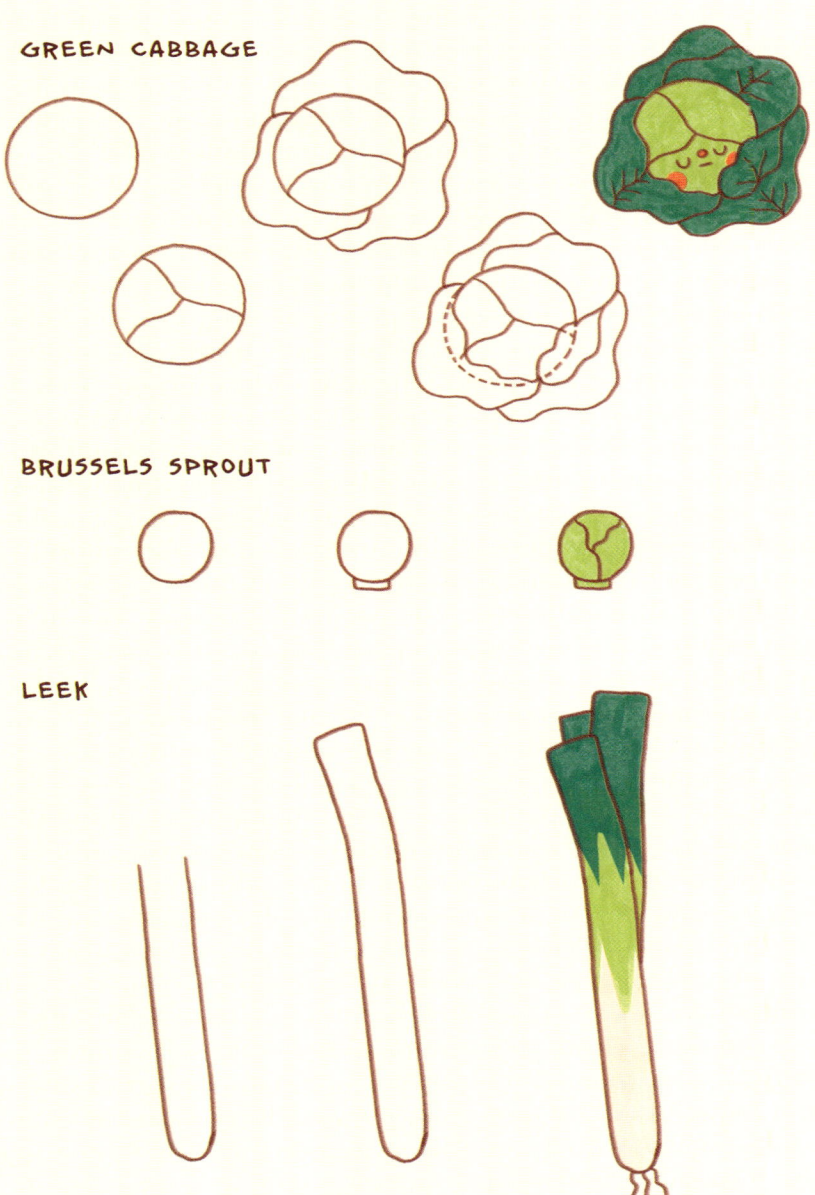

Flowers

EUCALYPTUS

CAMELLIA

MIMOSA

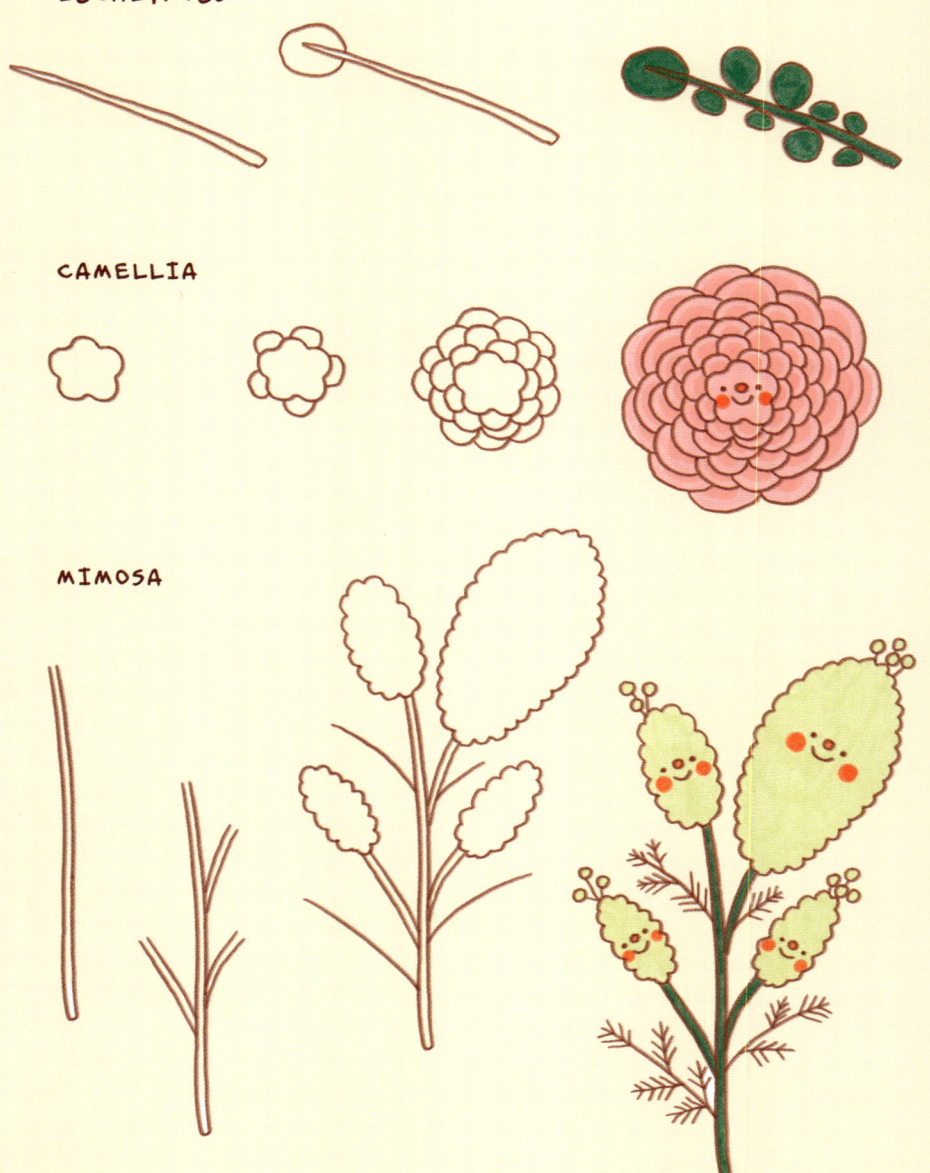

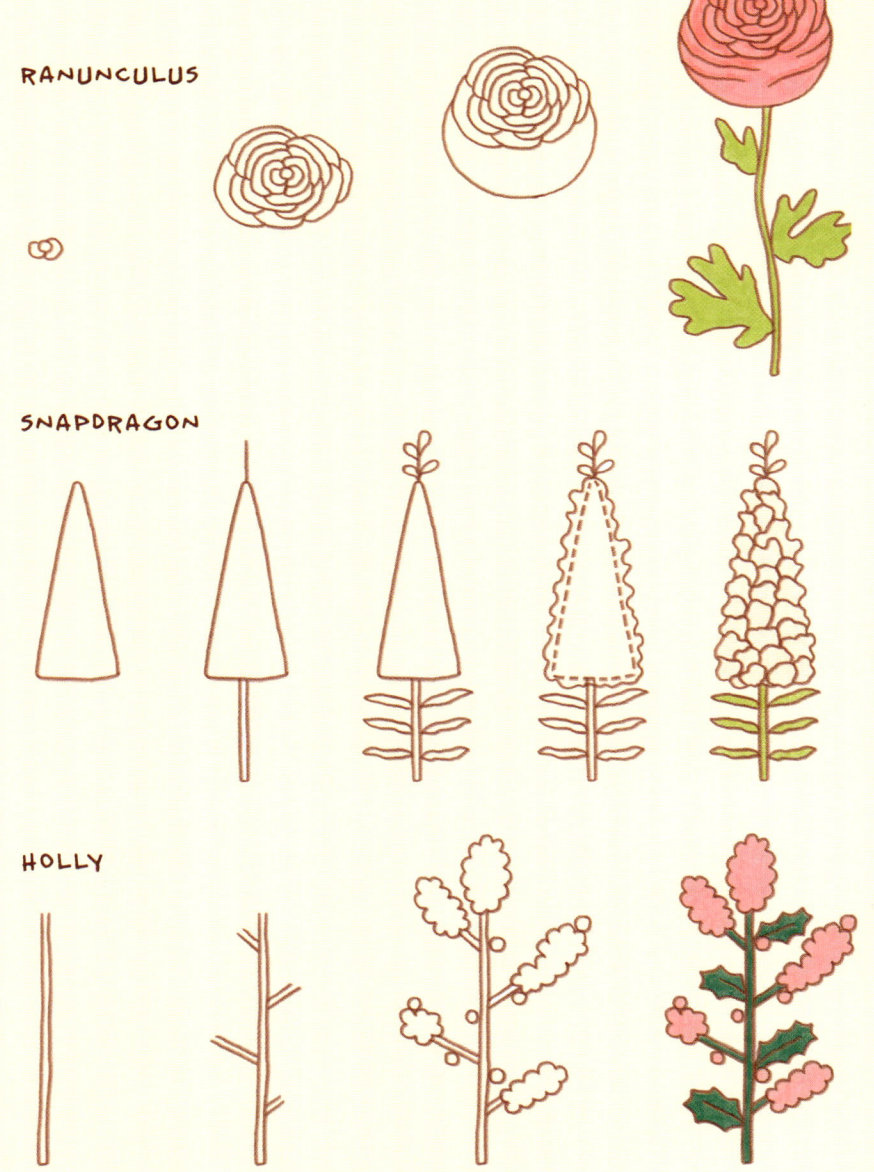

RANUNCULUS

SNAPDRAGON

HOLLY

HELLEBORE

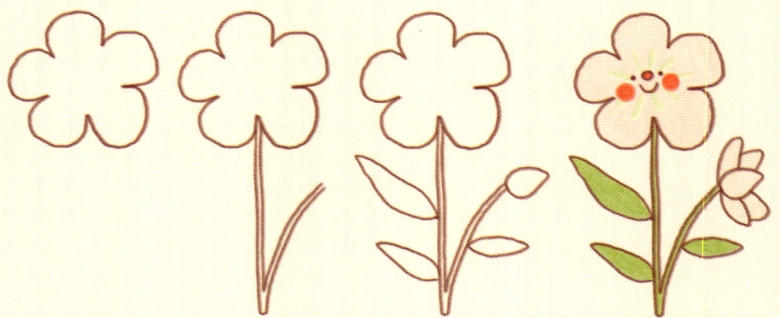

HOLLY SPRIG

 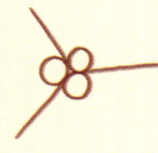 

POPPY

Christmas

PRESENT

 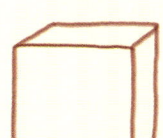  

WREATH

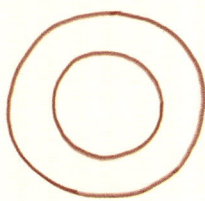  

AMARYLLIS

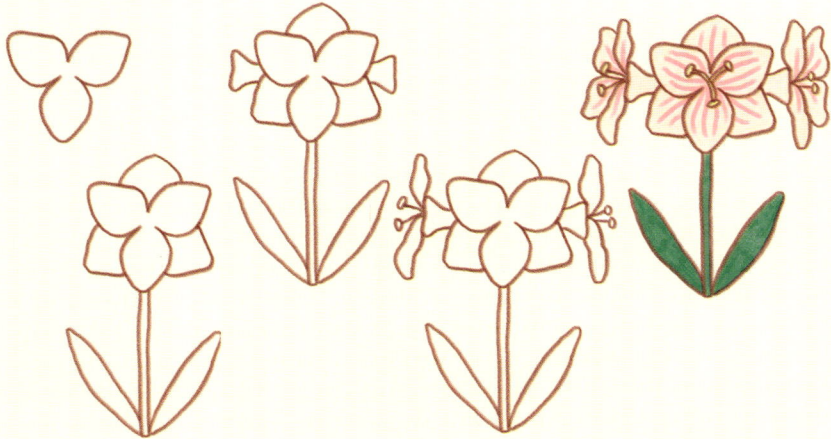

YULE LOG

GINGERBREAD HOUSE

CANDLE

GINGERBREAD PERSON

BOW

SANTA CLAUS

CHRISTMAS ORNAMENT 1

CHRISTMAS ORNAMENT 2

CHRISTMAS ORNAMENT 3

 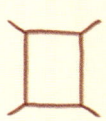  

CHRISTMAS TREE

Lunar New Year

PARADE DRAGON

PAPER LANTERN

FIREWORKS

SPRING ROLL

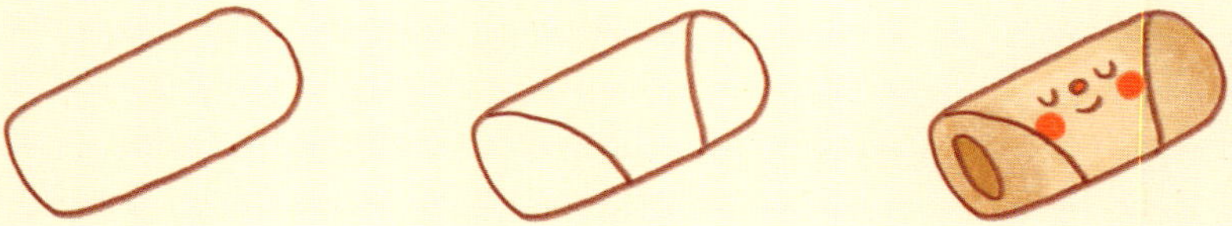

FAN

FORTUNE COOKIE

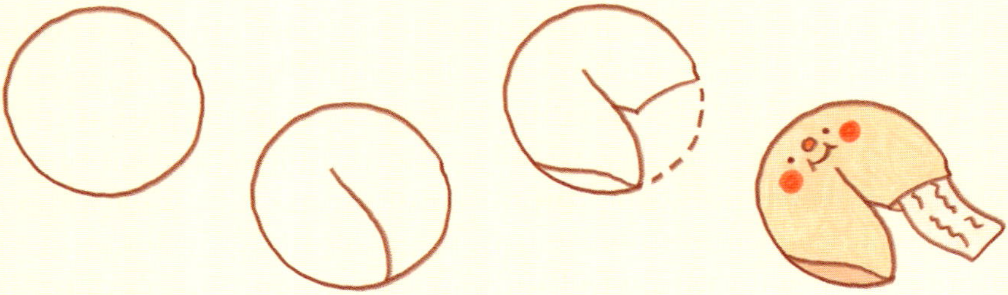

RED ENVELOPE

BAO

DUMPLING

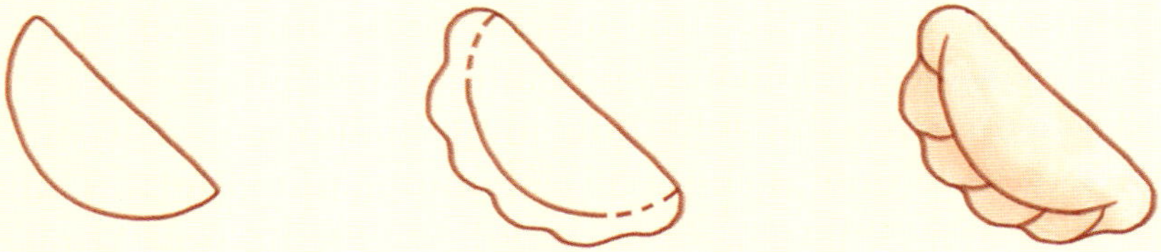

Insects

WOOD LOUSE

  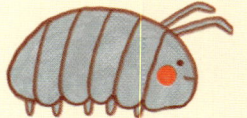

CATERPILLAR

SNAIL

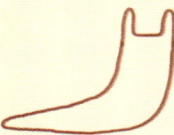  

ANT

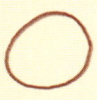  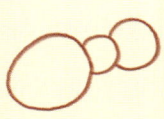 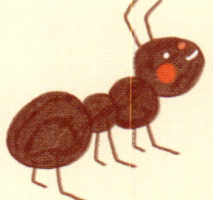

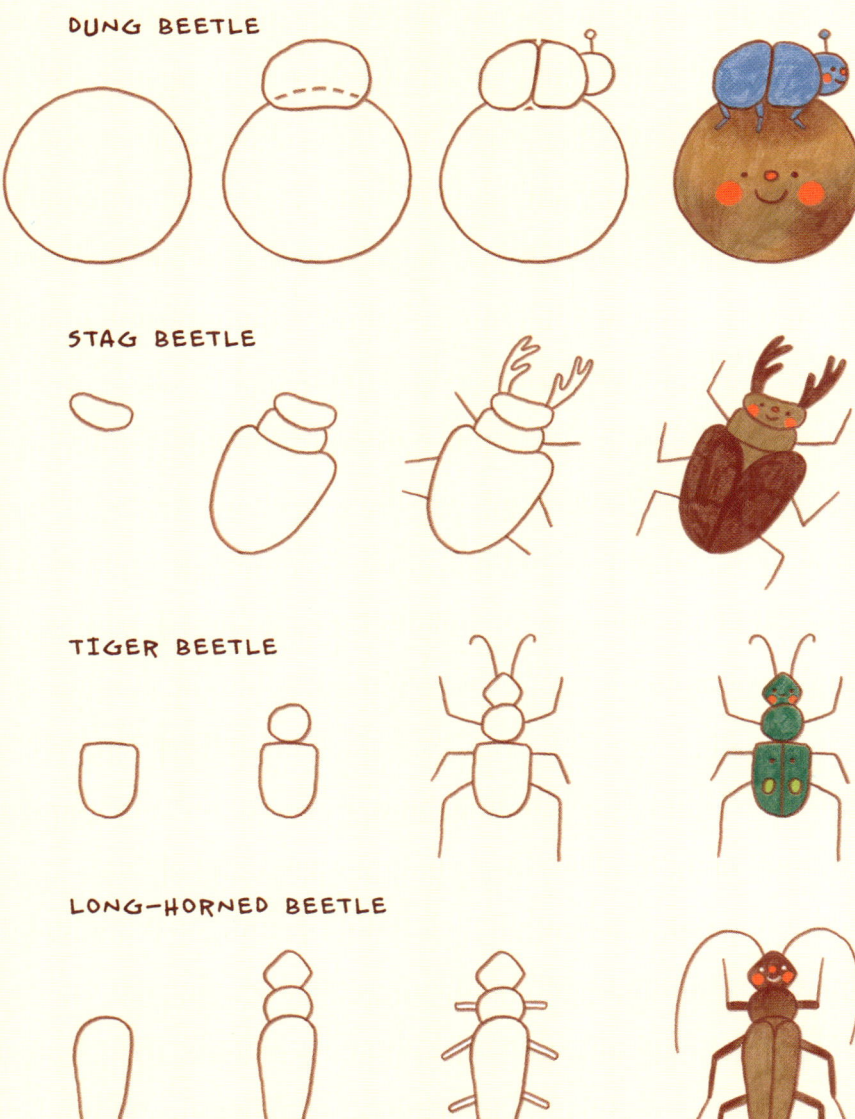

DUNG BEETLE

STAG BEETLE

TIGER BEETLE

LONG-HORNED BEETLE

SPIDER

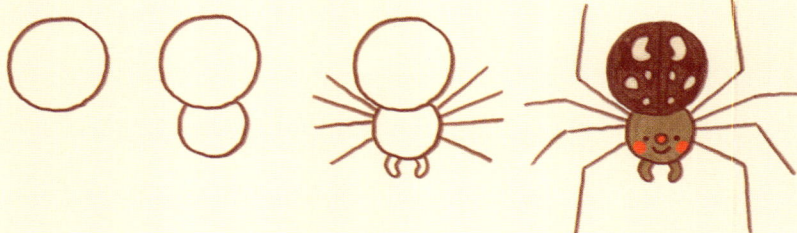

MOSQUITO

SLUG

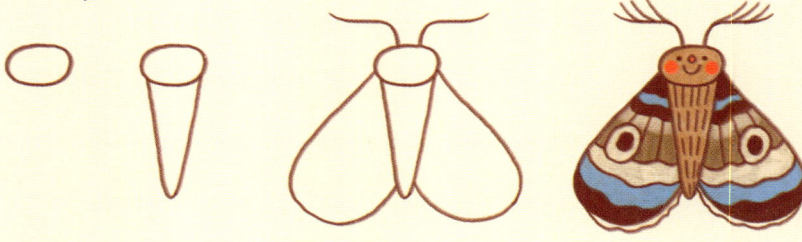

MOTH

Animals

BARN OWL

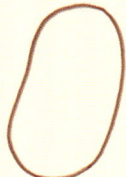  

FOX TRACK

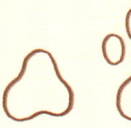 

GREAT HORNED OWL

WILD BOAR

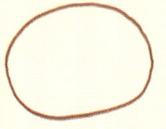 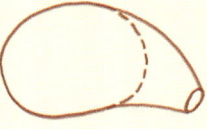 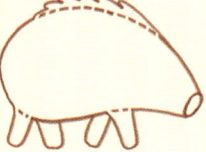 

DOE

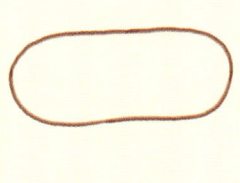 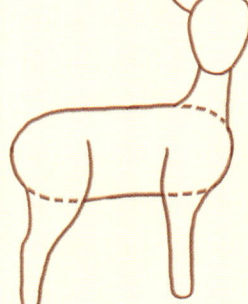 

SQUIRREL

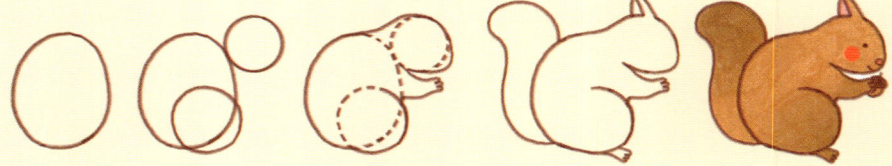

ROBIN

RABBIT

HEDGEHOG

BADGER

FROG

Mushrooms

FLY AGARIC

CHANTERELLE

SHIITAKE

BUTTON

HONEY FUNGUS

PORCINI

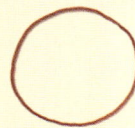 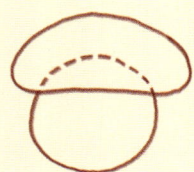 

BRONZE BOLETE

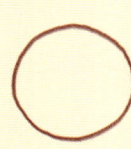   

HEDGEHOG

 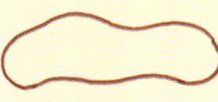 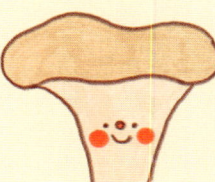

LEPIOTA

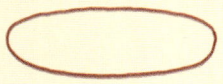  

OYSTER

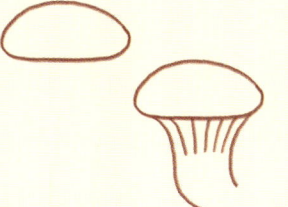  

MOREL

 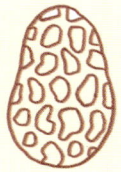 

TRUMPET OF DEATH

 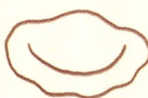  

SAFFRON MILK CAP

Trees

OAK BRANCH

  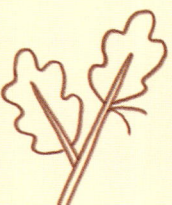 

WEEPING WILLOW

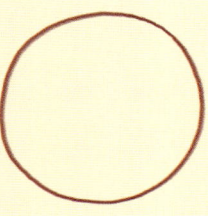  

BIRCH BRANCH

POPLAR BRANCH

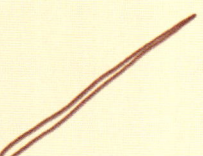 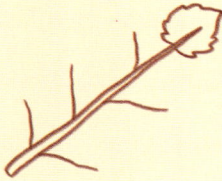 

OAK

BIRCH

POPLAR

CYPRESS

FIR

FIR BRANCH

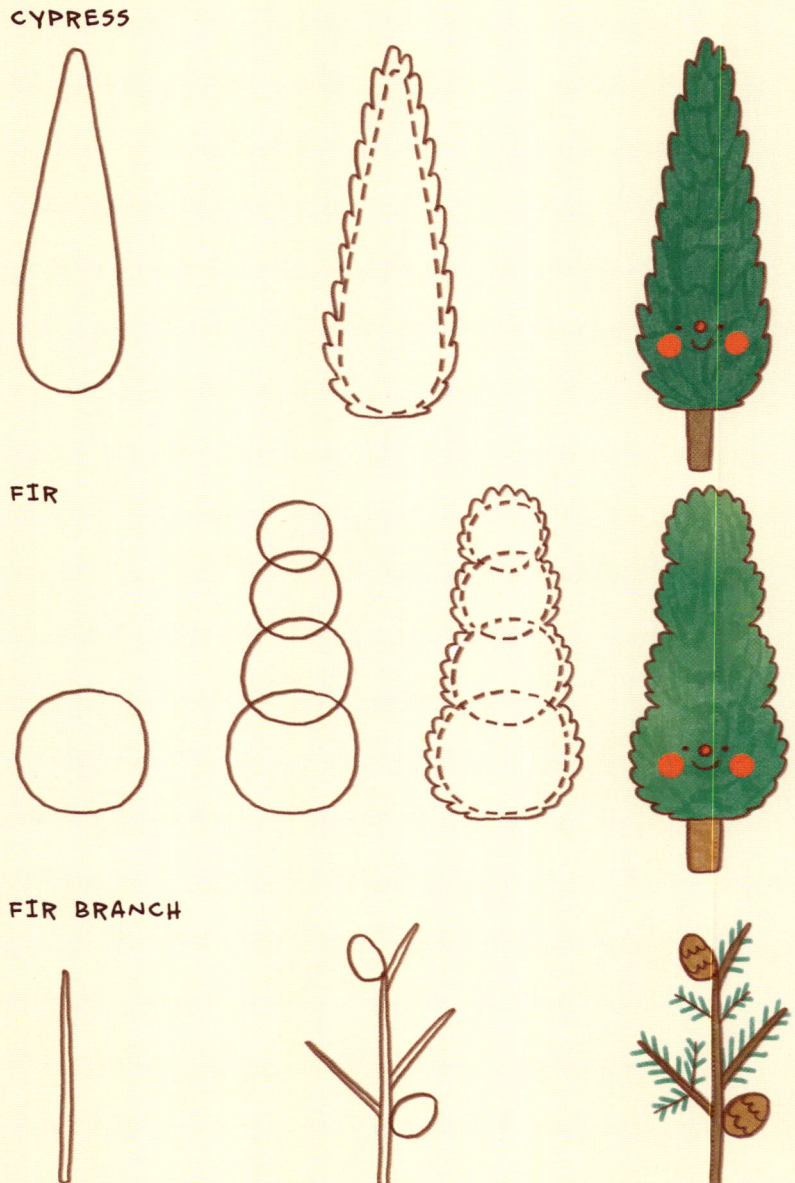

Camping

CAMPFIRE

MARSHMALLOW-ROASTING STICK

DIRECTIONAL SIGNS

 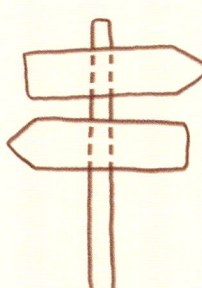 

ENAMEL MUG

RADIO

 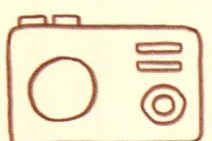 

COMPASS

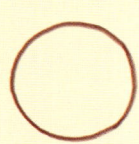 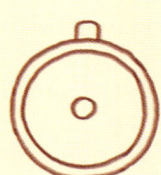  

MAP

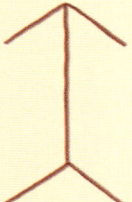 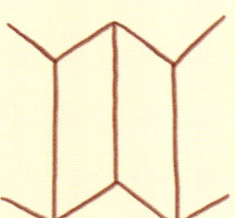 

SCOUT BADGE

 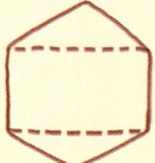 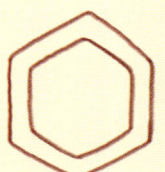 

HURRICANE LAMP

BINOCULARS

TENT

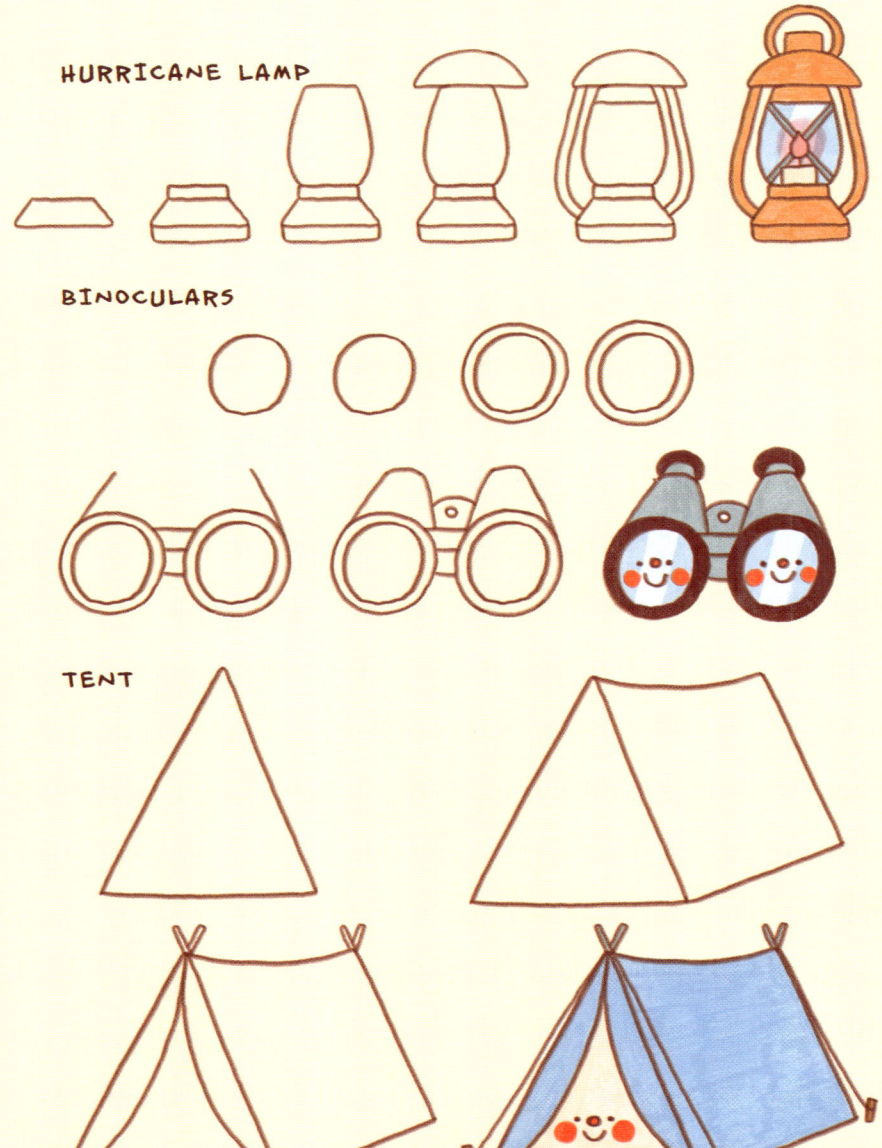

Sea Life

SCALLOP

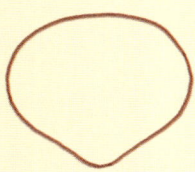  

NAUTILUS

CONCH

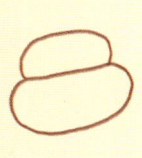  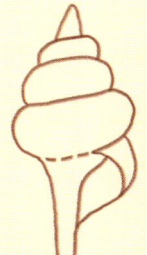 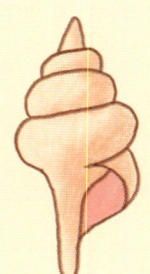

JUNONIA

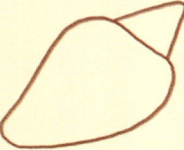 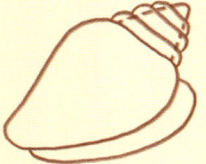 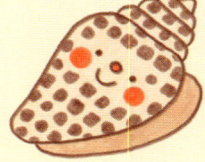

SEA ANEMONE 1

SEA URCHIN 1

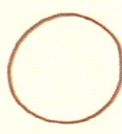  

SEA ANEMONE 2

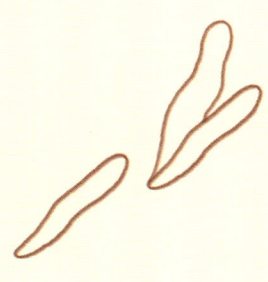 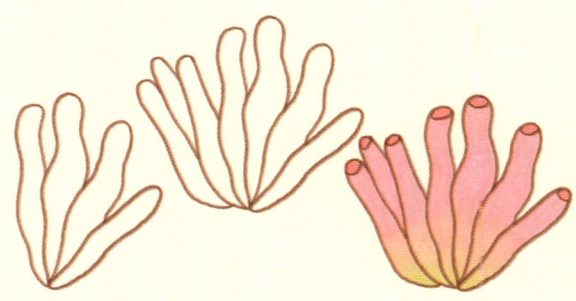

SEA URCHIN 2

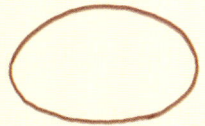  

CORAL

COFFEE BEAN TRIVIA

OYSTER

MUSSEL

ALGAE

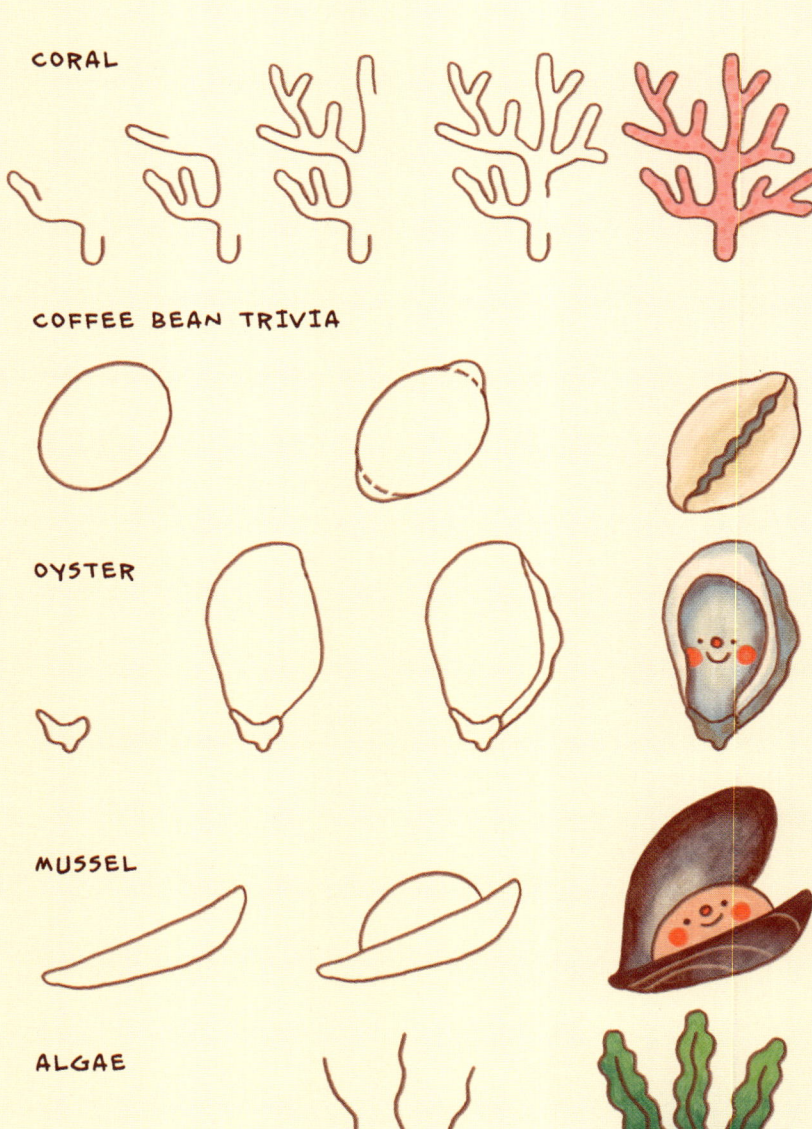

Animals

OCTOPUS

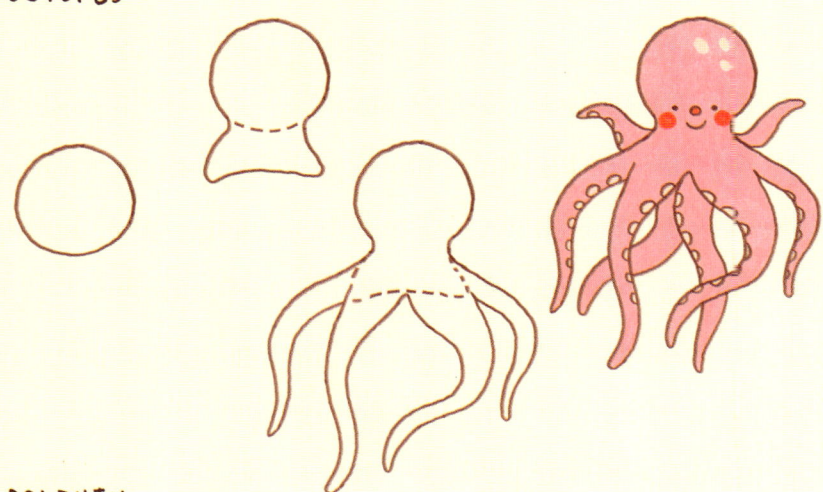

DOLPHIN

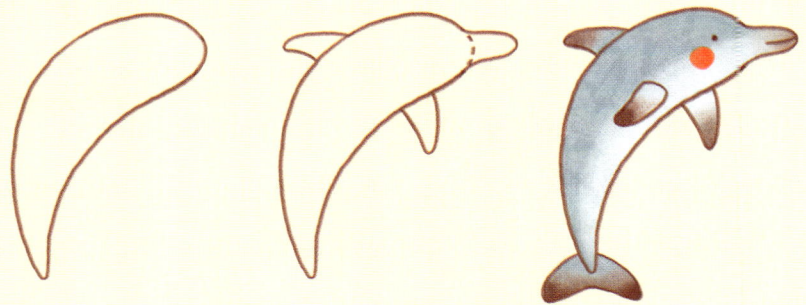

STARFISH

LOBSTER

JELLYFISH

WHALE

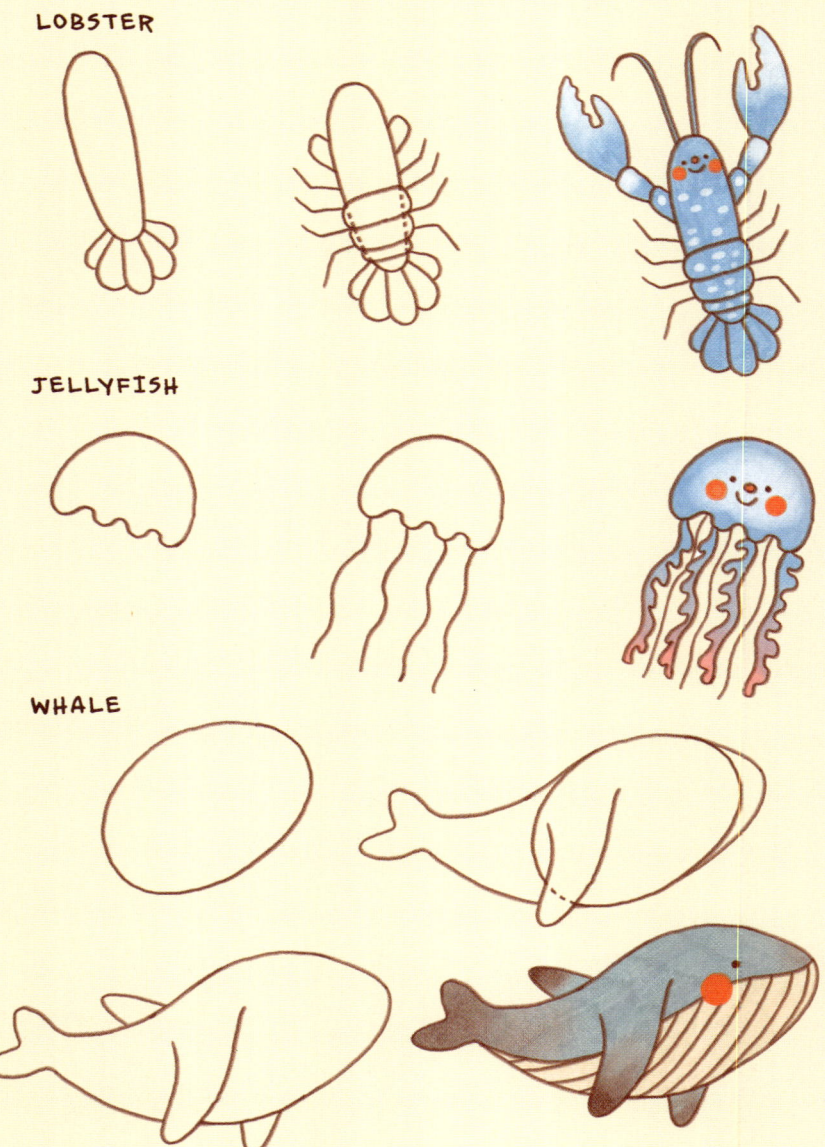

CUTTLEFISH

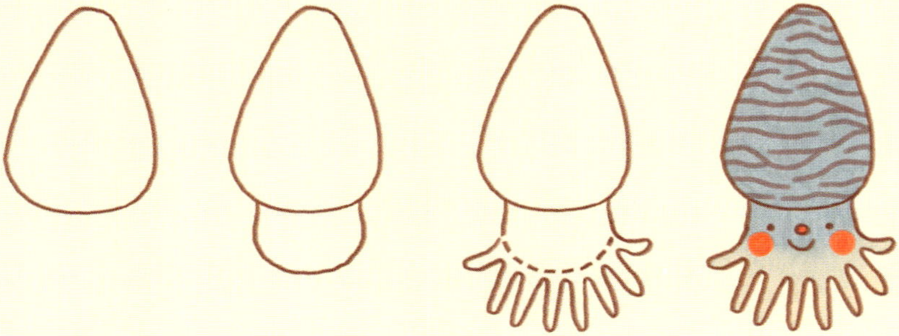

FISH

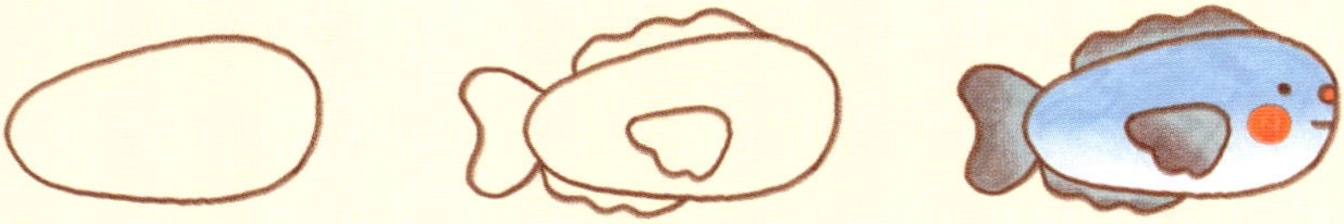

CRAB

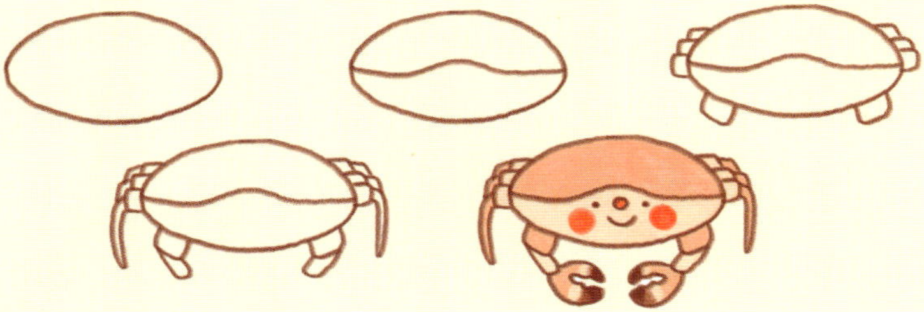

SHRIMP

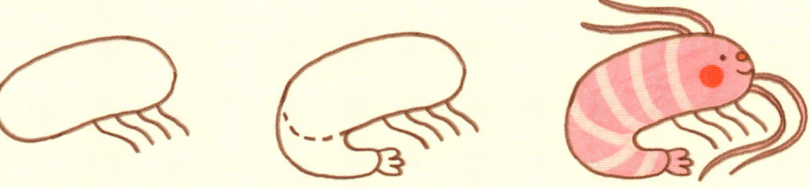

At the Beach

ICE CREAM

SUNGLASSES

BOOK

BEACH UMBRELLA

ICE POP

SUNSCREEN

BEACH BAG

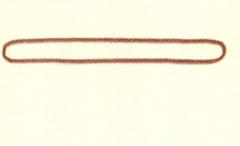 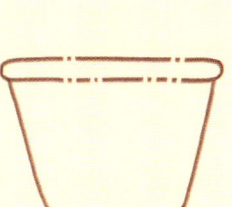 

STRAW HAT

COCONUT TREE

SEAGULL

LIGHTHOUSE

Beach Activities

SWIM FIN

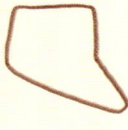

CARD GAME

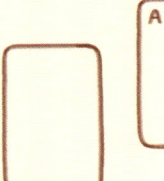  

BEACH BALL

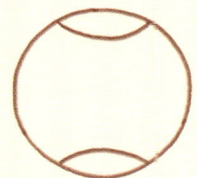

DIVING MASK AND SNORKEL

  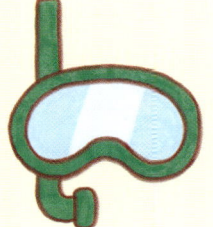

PADDLEBALL

KITE

SAILBOAT

PADDLEBOARD

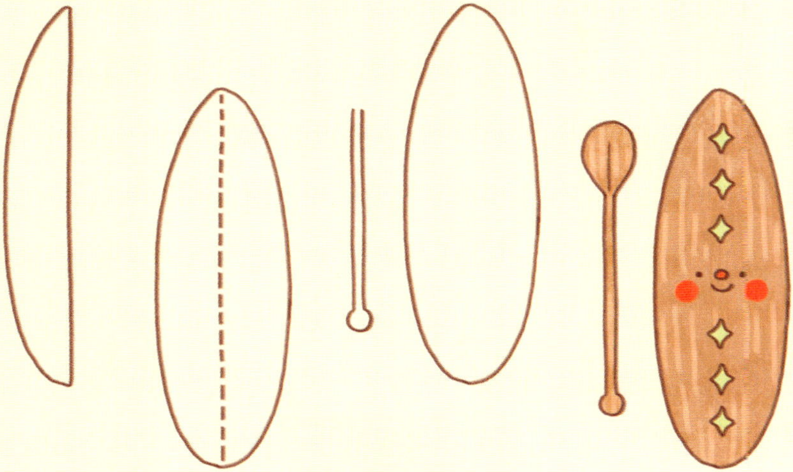

WAVE

SURFBOARD

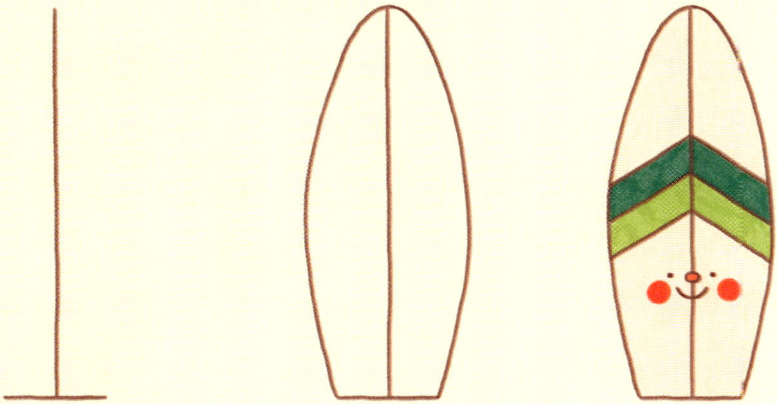

COUNTRY SIDE

Insects

BEE

FIREBUG

COCKROACH

GRASSHOPPER

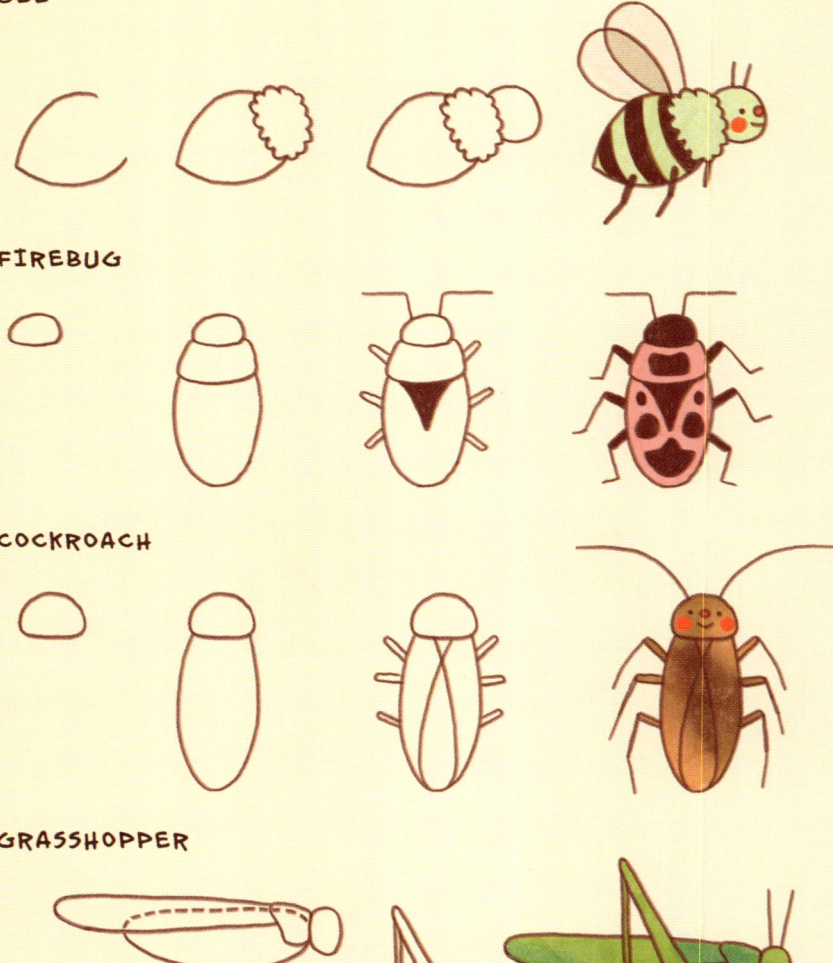

PRAYING MANTIS

LADYBUG

FLY

DRAGONFLY

CENTIPEDE

BUTTERFLY

GREEN SHIELD BUG

CRANE FLY

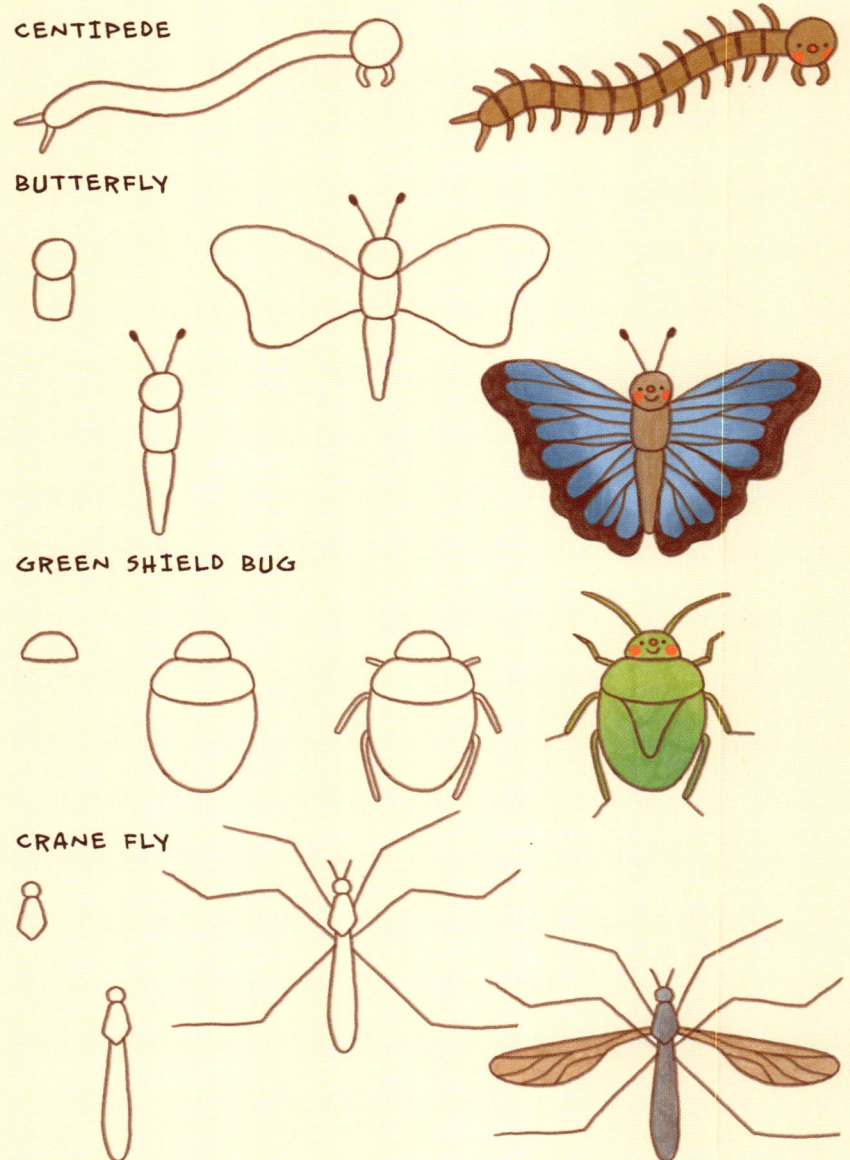

Animals

DONKEY

COW

SHEEP

CHICK

DUCK

GOOSE

CHICKEN

PIG

HORSE

Vineyard

GRAPES

VINE

BARREL

WINE BOTTLE

WINE GLASS

* 113 *

Harvest

WHEAT

TRACTOR

BARLEY

MILK BOTTLE

HAY BALE

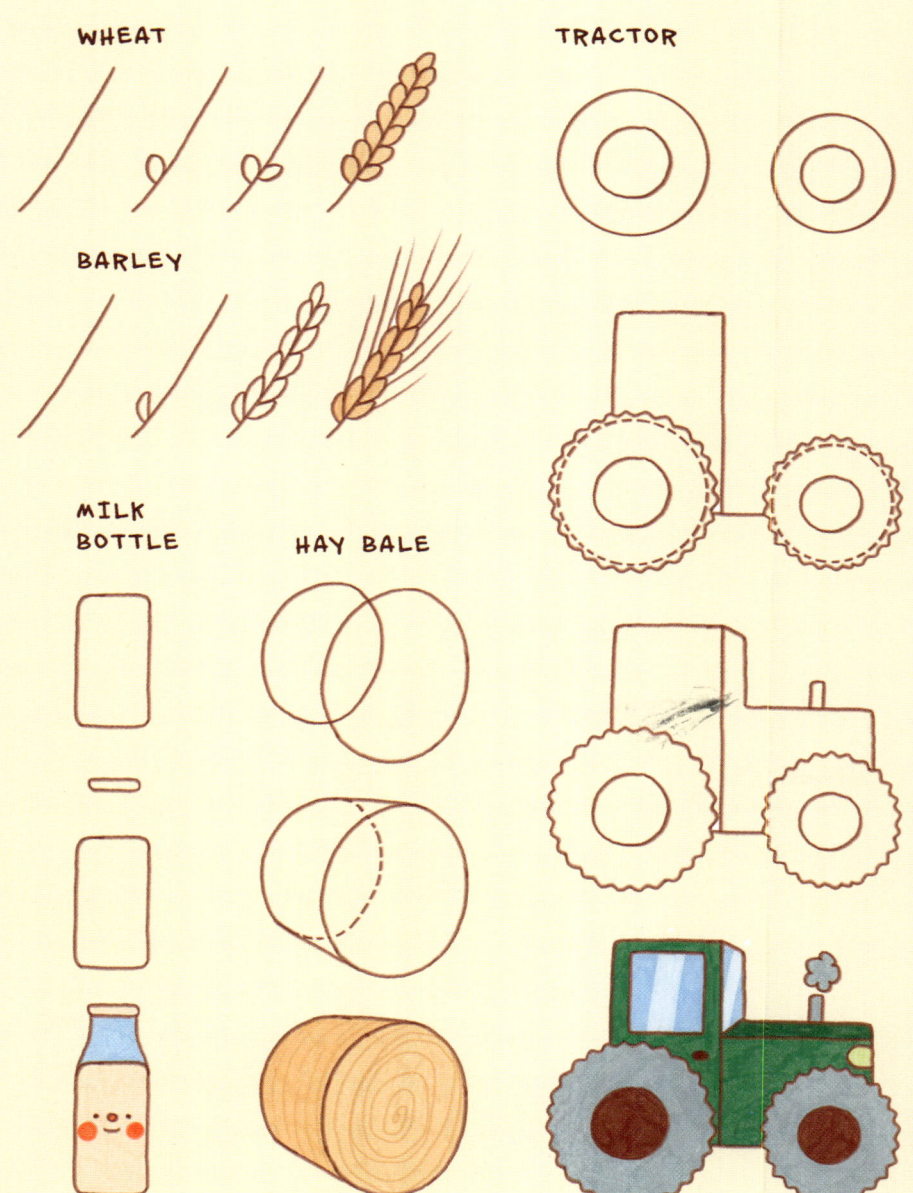

Bakery

COUNTRY BREAD

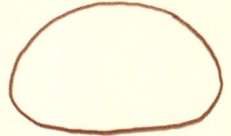 

CROISSANT

 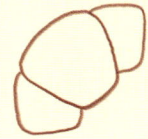 

PAIN AU CHOCOLAT

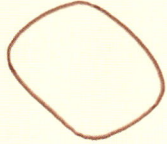 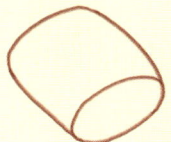 

BRIOCHE

CINNAMON ROLL

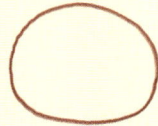  

BAKER

STRAWBERRY TART

WHOLE WHEAT BREAD

ROLLING PIN

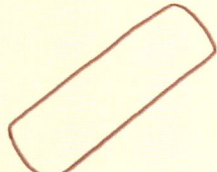 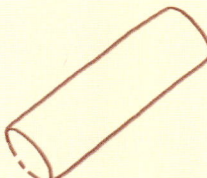 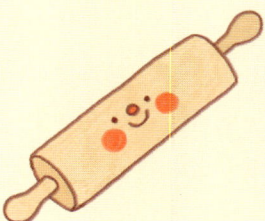

RELIGIEUSE

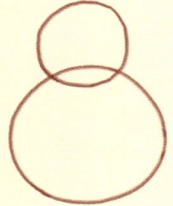 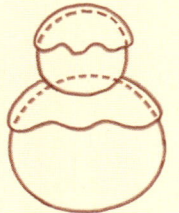 

BAGUETTE

CANDIES

FLOUR

BRAIDED BRIOCHE

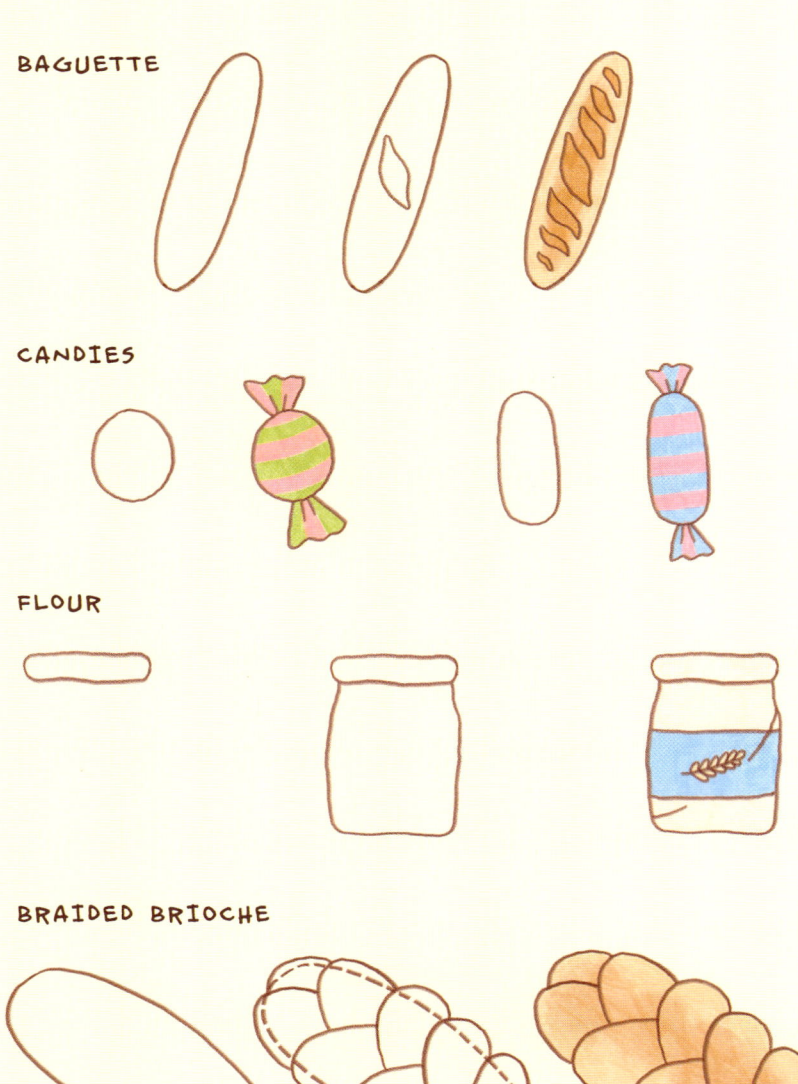

Buildings

CHURCH WINDMILL BARN

BAKERY　　HALF—TIMBERED HOUSE　　STONE HOUSE

MOUNTAINS

Animals

MARMOT

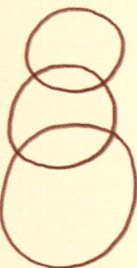  

ERMINE

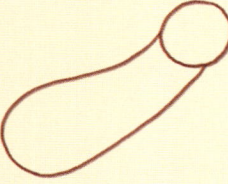  

BEAR HEAD

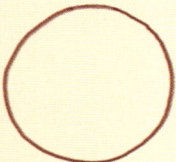  

BEAR   **MOOSE**

EAGLE

CHAMOIS

WOLF

Activities

CABLE CAR

HOT-AIR
BALLOON

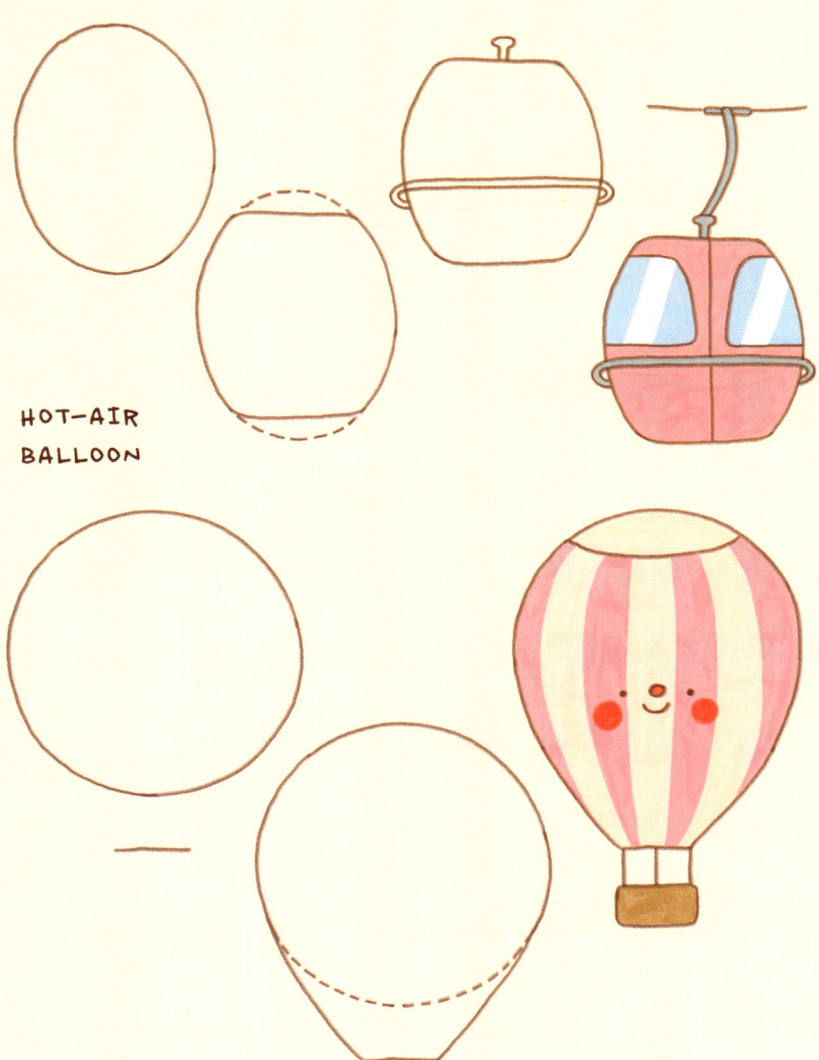

1ST STAR SKI BADGE

EARMUFFS

ICE SKATE

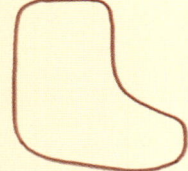

SKIS

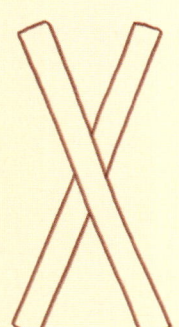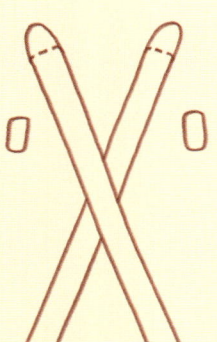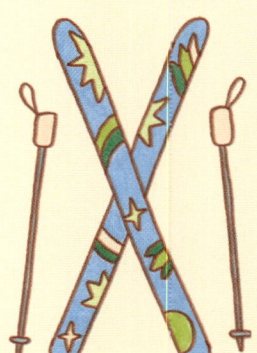

MITTEN

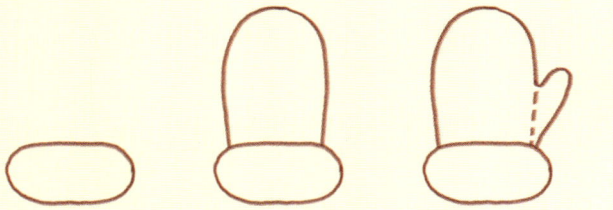

POM-POM HAT

LIFT TICKET

MOON BOOT

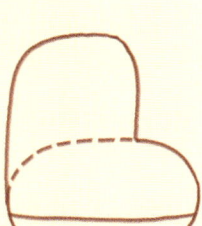
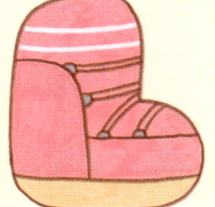

Souvenirs

KEY RING

POSTCARD

BEAR SOCKS

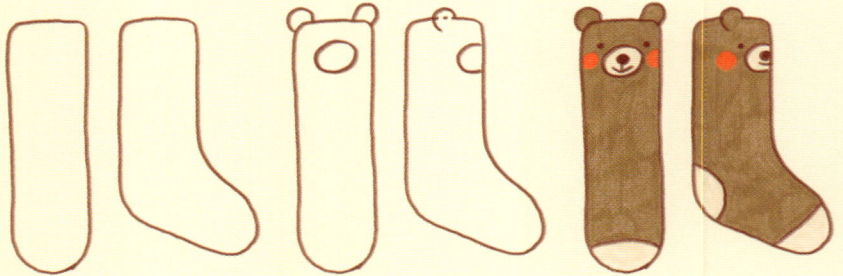

PLUSHIE

 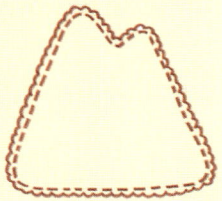 

SLINGSHOT

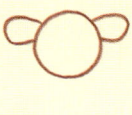  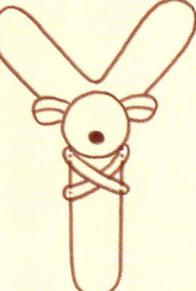 

GEMSTONE

 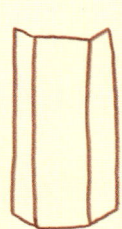 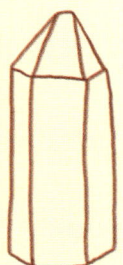 

CARVED WALKING STICK

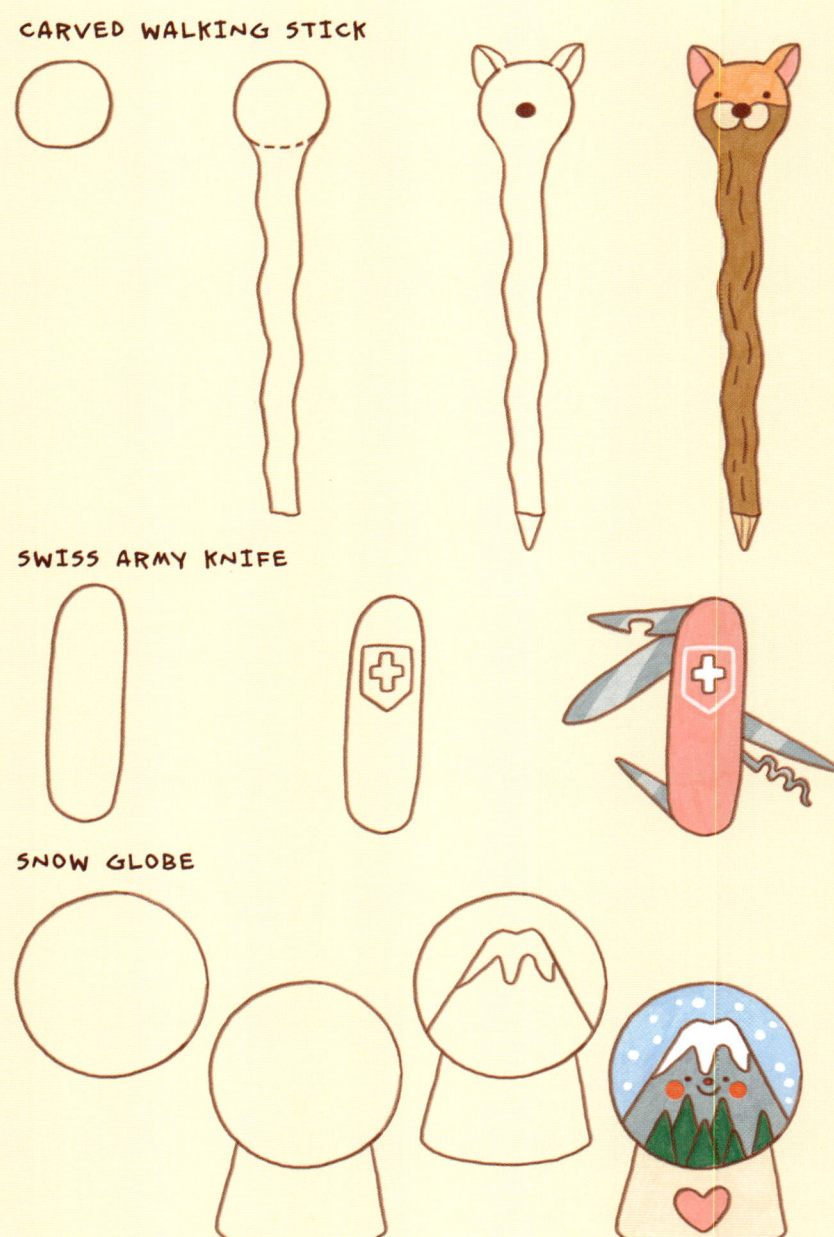

SWISS ARMY KNIFE

SNOW GLOBE

Alpine Cuisine

FONDUE POT

FONDUE FORK

HONEY

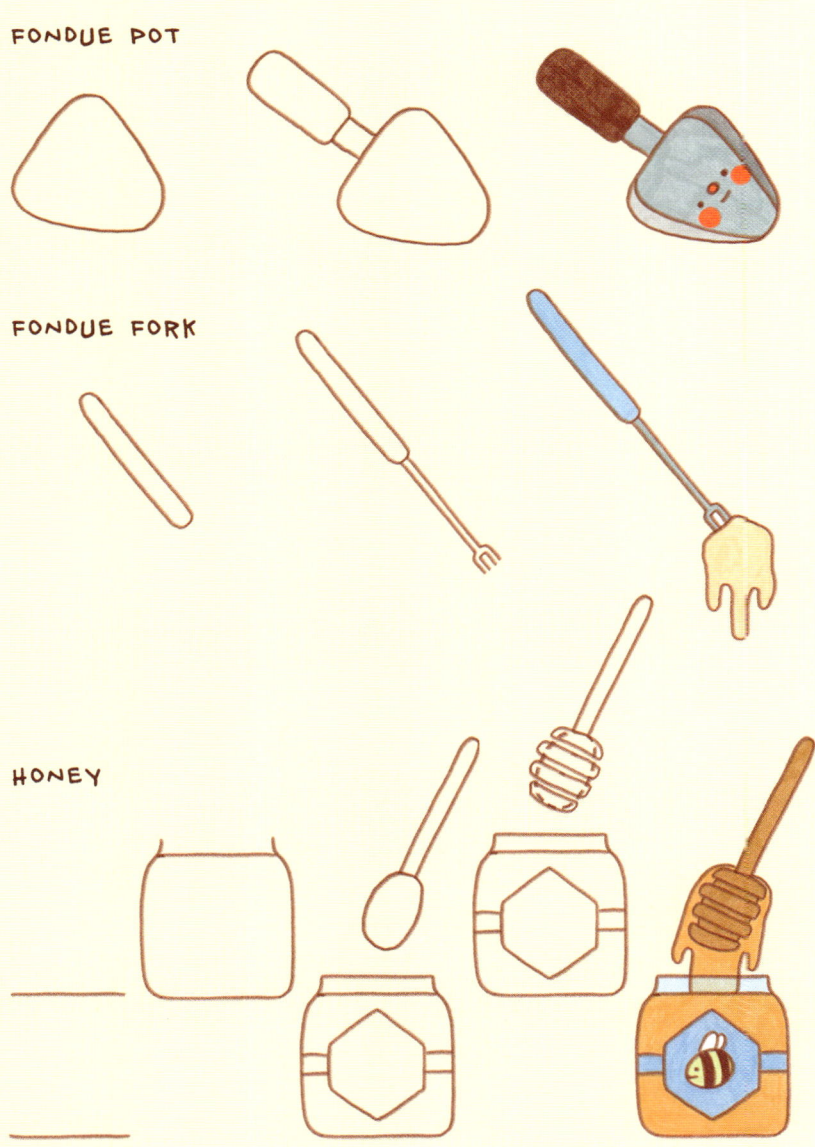

ALIGOT

MONT D'OR CHEESE

RACLETTE CHEESE

BLUEBERRIES

BLUEBERRY PIE

GÉNÉPI HERB

GÉNÉPI LIQUEUR

CITY

Buildings

CORNER MARKET

MUSEUM

CITY HALL

FLORIST   APARTMENT BUILDING   TRAIN STATION

Transportation

STOPLIGHT

TRAIN TRACK

TRAIN

BUS

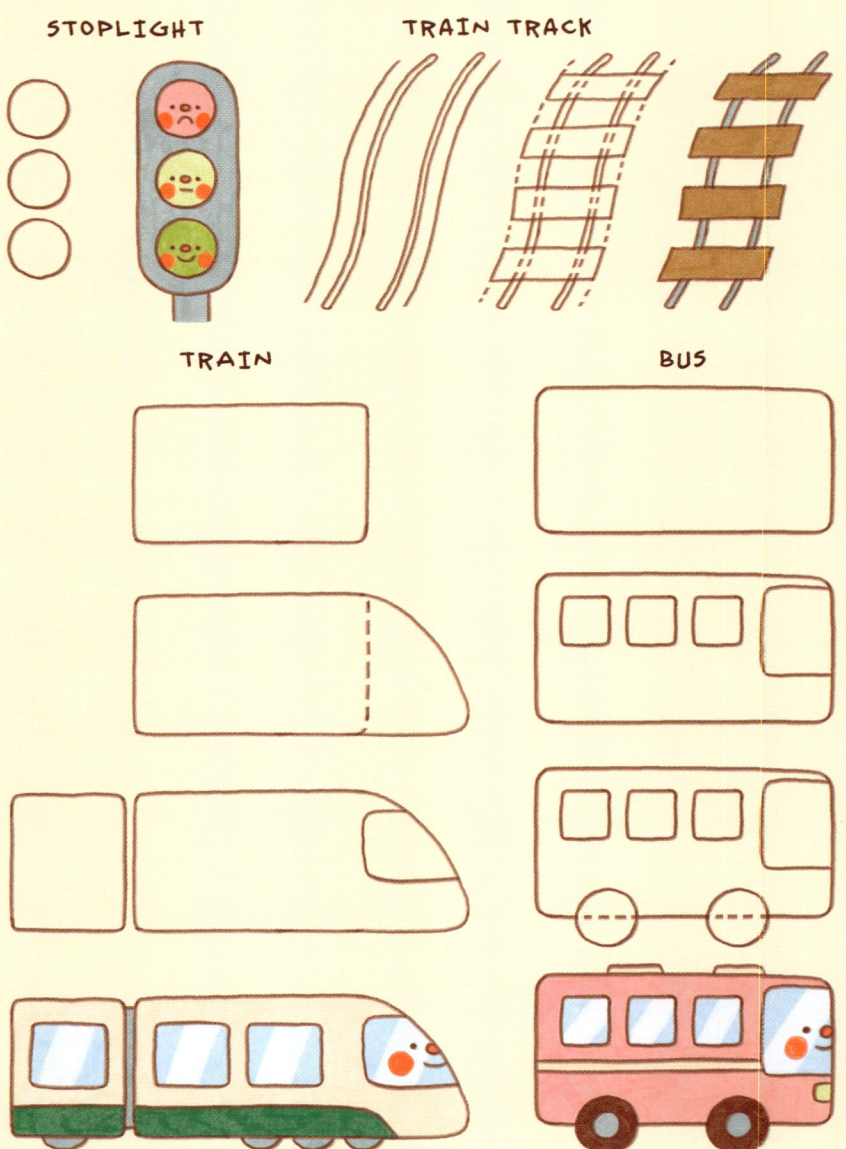

CAR   BICYCLE

SCOOTER

Supermarket

SHOPPING BAG

COIN

BILL

SHOPPING CART

SCALE

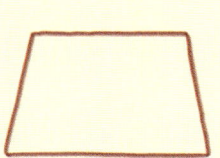 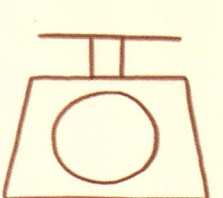 

FRUIT STICKER 1

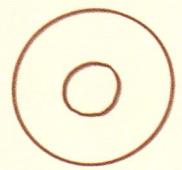   

FRUIT STICKER 2

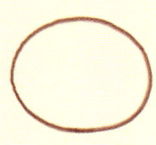 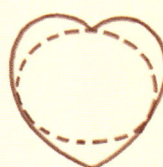  

FRUIT STICKER 3

SANDWICH BREAD

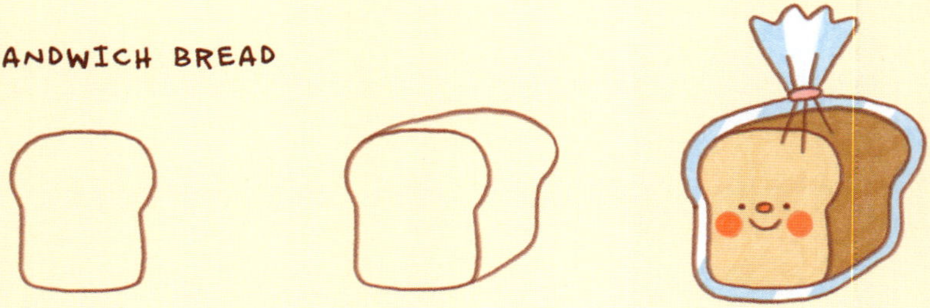

CANNED VEGETABLE

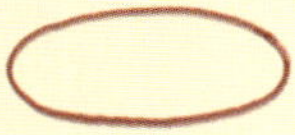

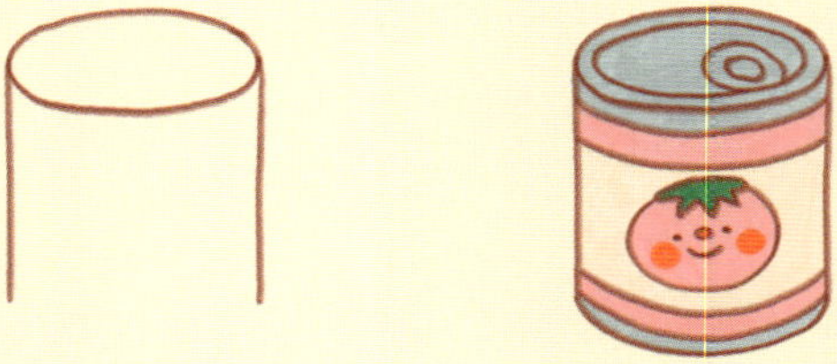

CONCHIGLIE PASTA

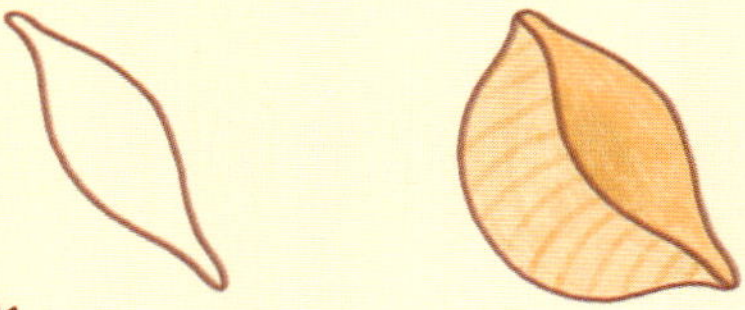

CANNED DRINK

FARFALLE PASTA

SODA BOTTLE

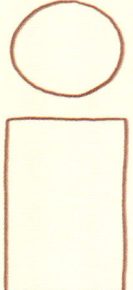  

SHOWER GEL

  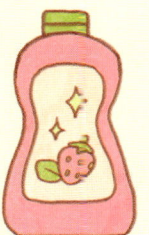

DEODORANT

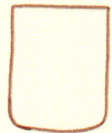 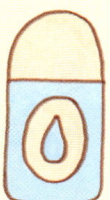

NET FRUIT BAG

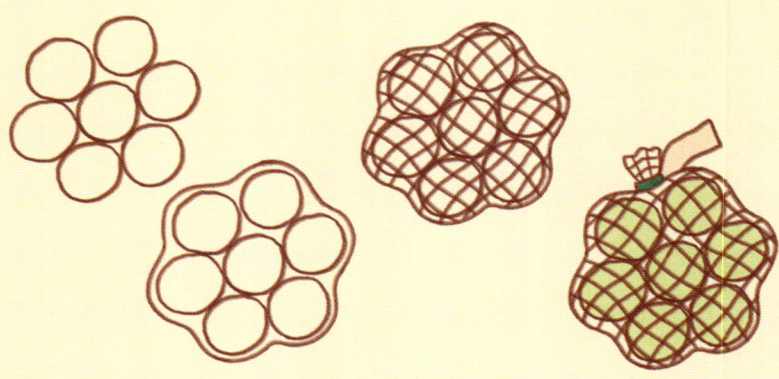

JAR OF CORNICHONS

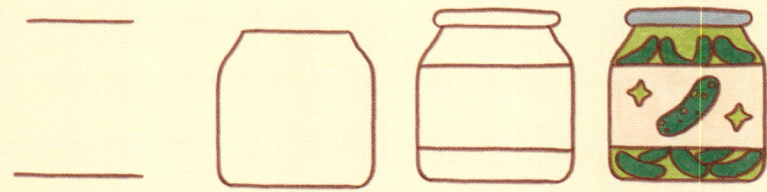

VEGETABLE CRATE

SHOPPING BASKET

TISSUE BOX

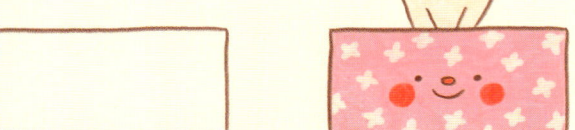

TOILET PAPER

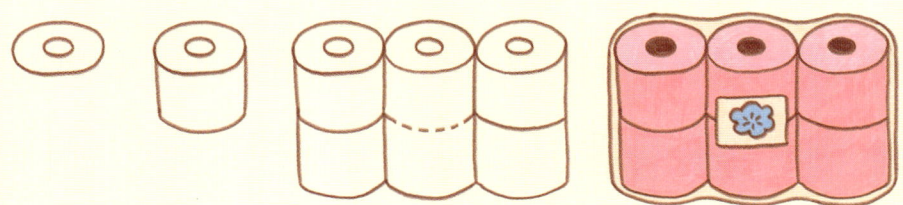

Asian Market

DURIAN

DANGO

DRAGON FRUIT

JUICE BOX

BOK CHOY

GINGER

INSTANT NOODLES

EDAMAME

SOY SAUCE

CASSAVA

GYOZA

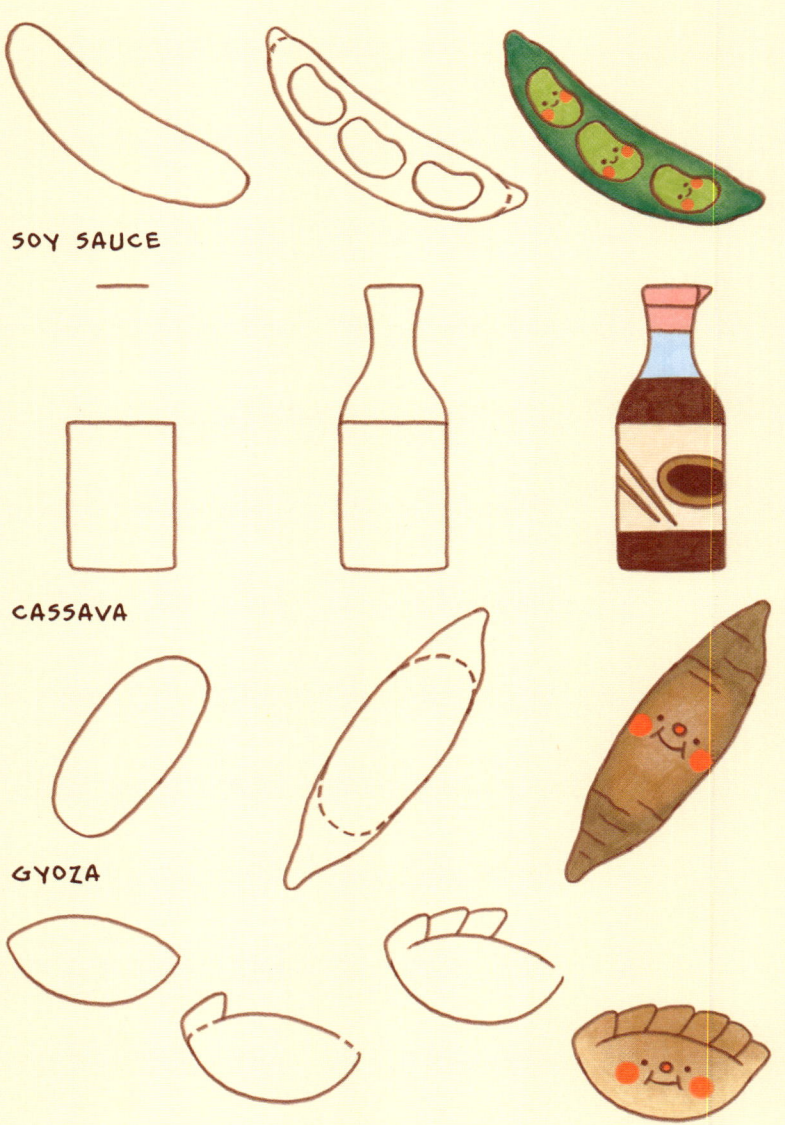

Hair Salon

AFRO

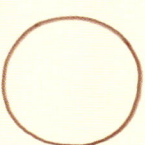  

TOPKNOT

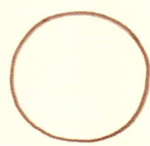 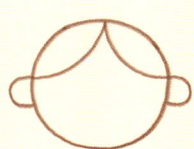 

MACARON BUNS

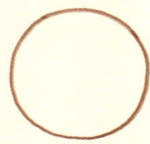  

CURTAIN BANGS

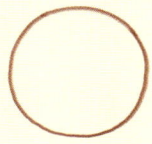  

BRAIDS

MULLET

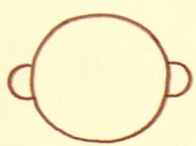  

BOWL CUT

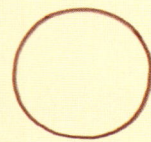 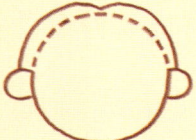 

DISAPPOINTMENT IN THE MIRROR

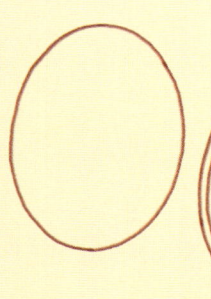 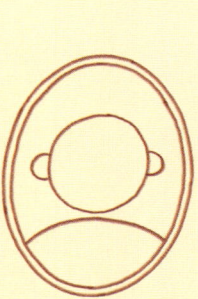  

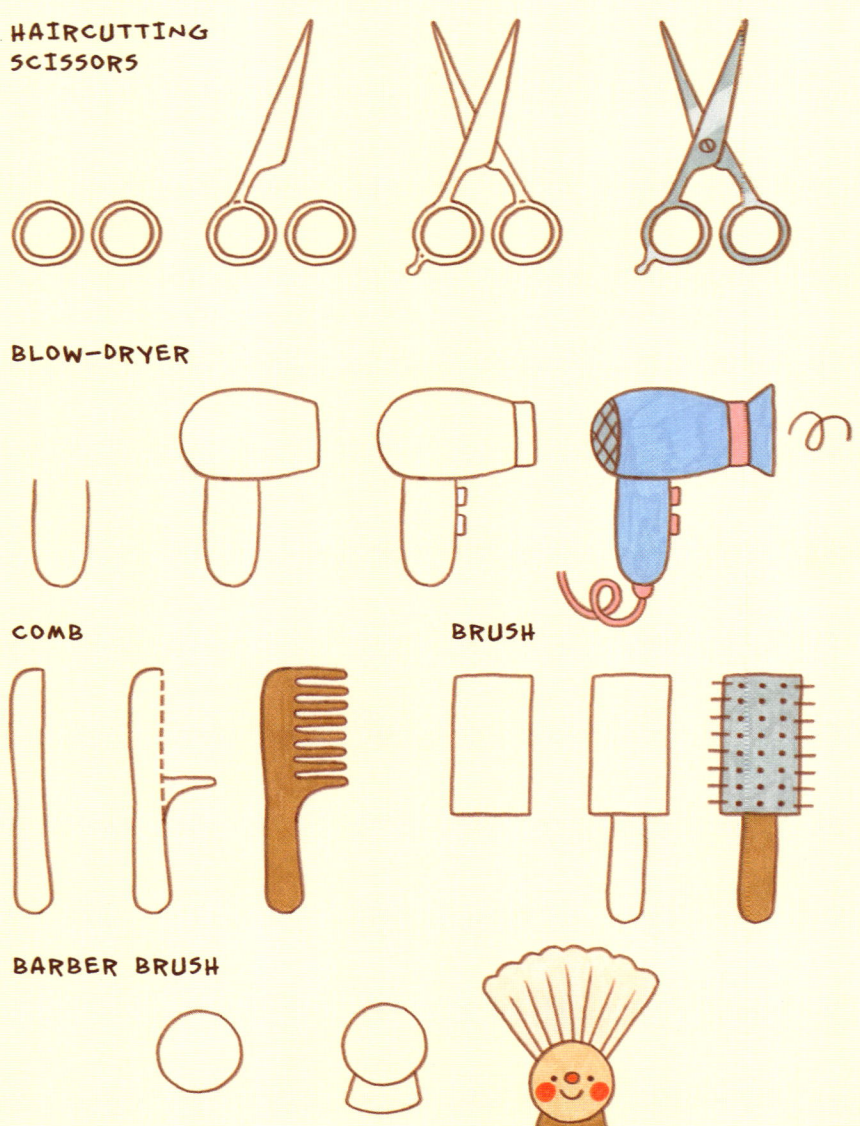

HAIRCUTTING SCISSORS

BLOW-DRYER

COMB

BRUSH

BARBER BRUSH

Bar

MARTINI

PINT OF BEER

SHIRLEY TEMPLE

LEMON SLICE

PASSION FRUIT

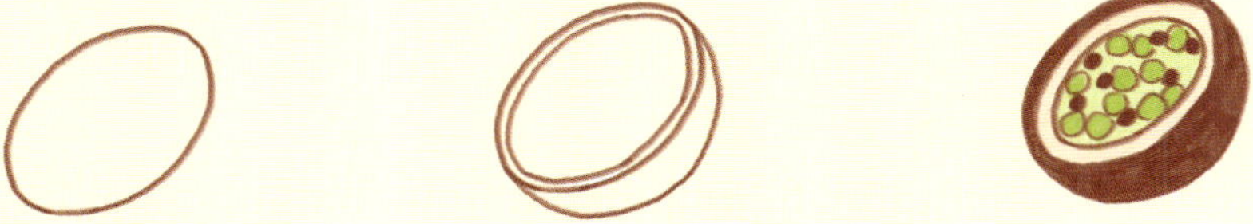

WHISKEY DECANTER

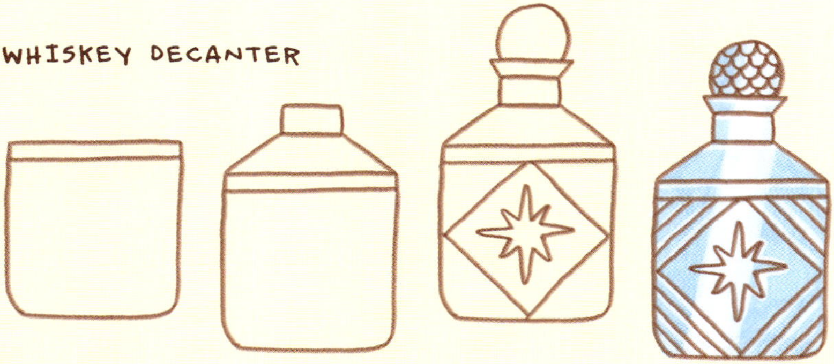

SHAKER

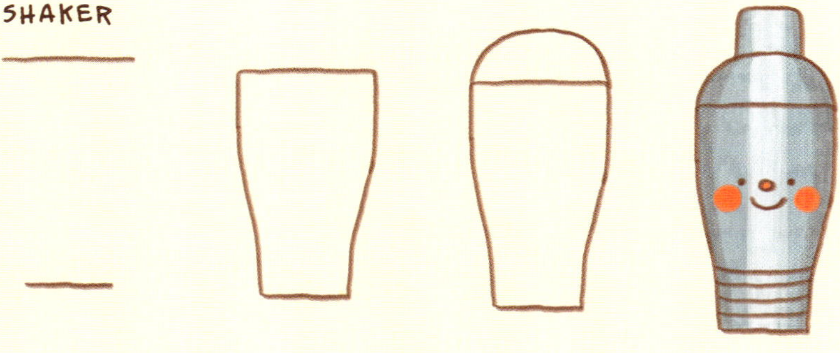

COCKTAIL UMBRELLA

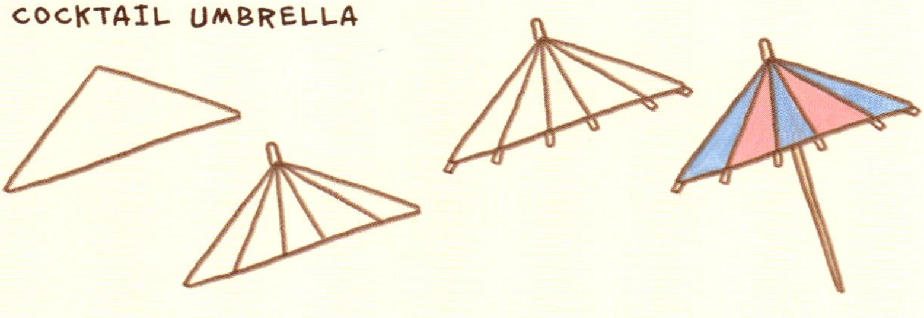

MARGARITA

MOJITO

BARSPOON

Coffee Shop

ESPRESSO MACHINE

CARROT CAKE

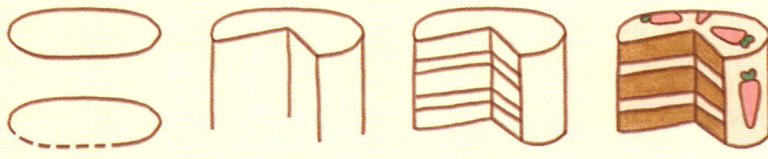

STOVETOP ESPRESSO MAKER

LATTE ART

TO-GO CUP

MENU

POUR-OVER COFFEE DRIPPER

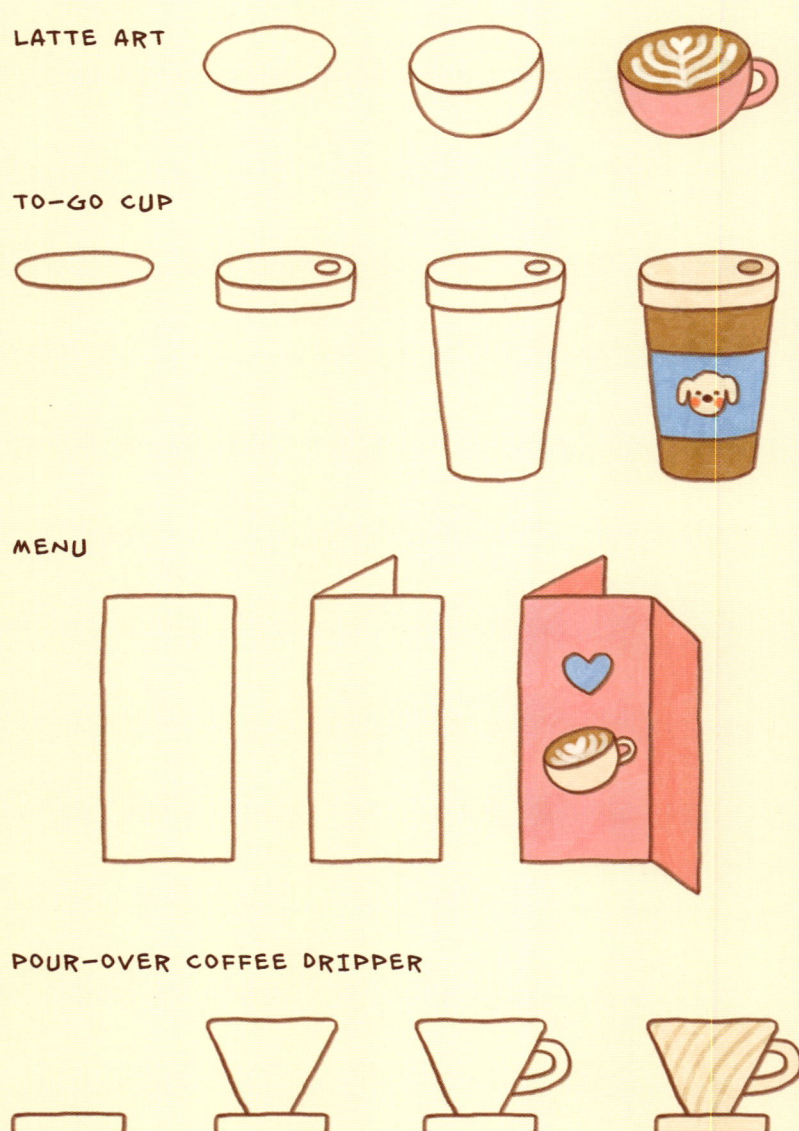

BAG OF COFFEE BEANS

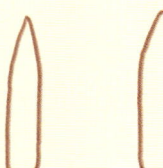 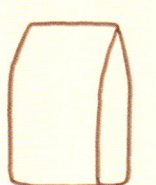 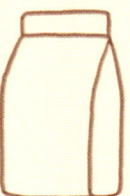 

CHEMEX COFFEEMAKER

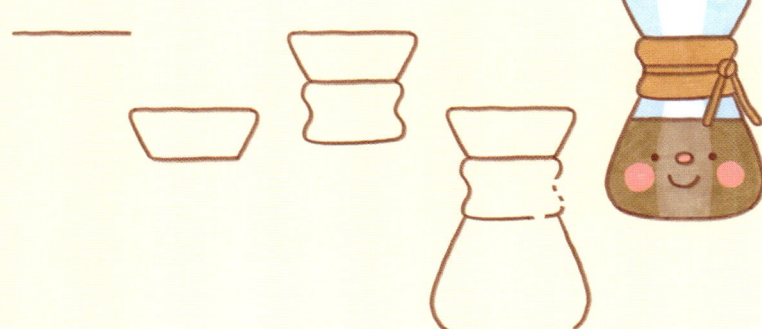

KETTLE

Skate Park

SKATEBOARD

KNEEPAD

SKATE RAMP

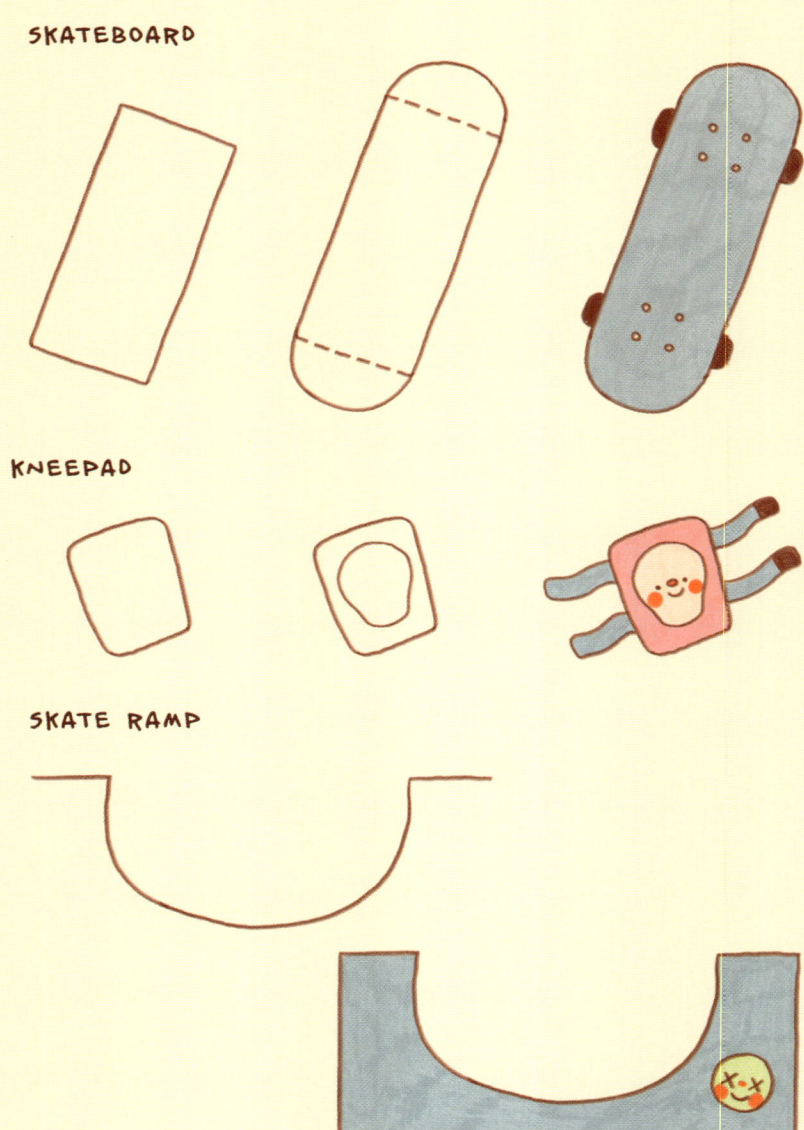

SKATE SHOE

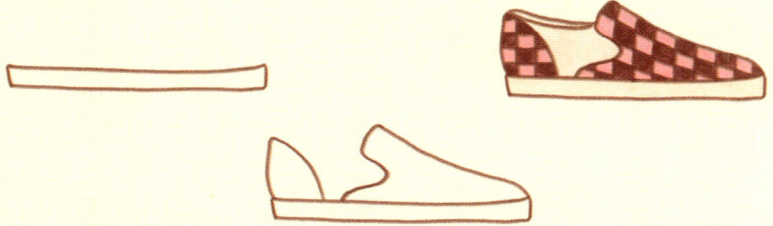

IN-LINE SKATE

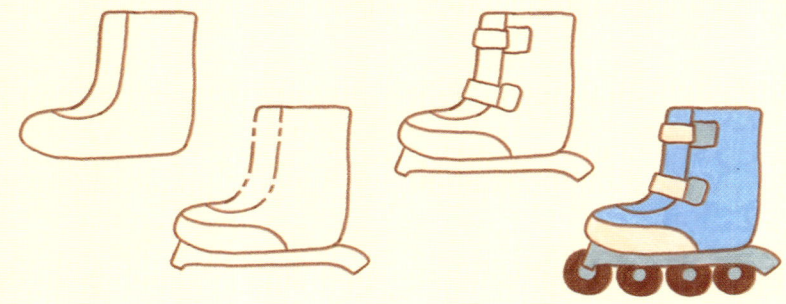

ROLLER SKATE

HELMET

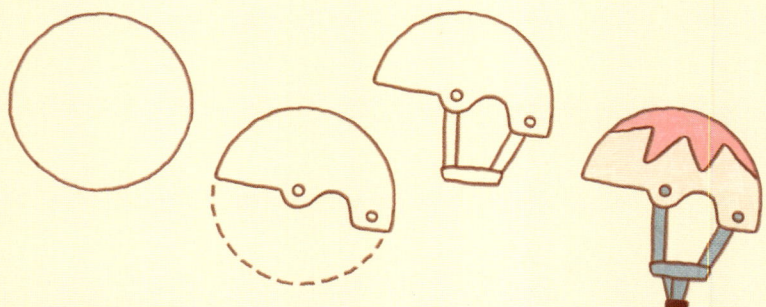

SKATER BOY

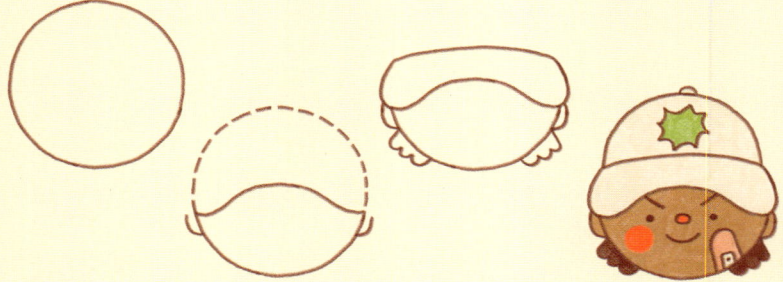

KICK SCOOTER

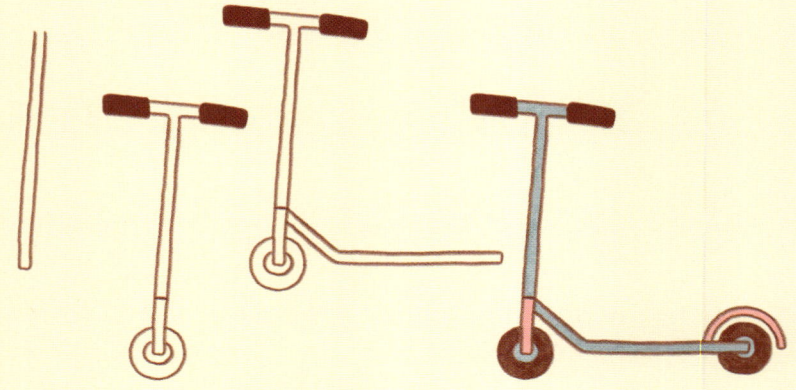

Dogs

SHIBA INU

CHIHUAHUA

ENGLISH BULLDOG

CAVALIER
KING CHARLES SPANIEL

BICHON FRISE

DALMATIAN

DACHSHUND

POODLE

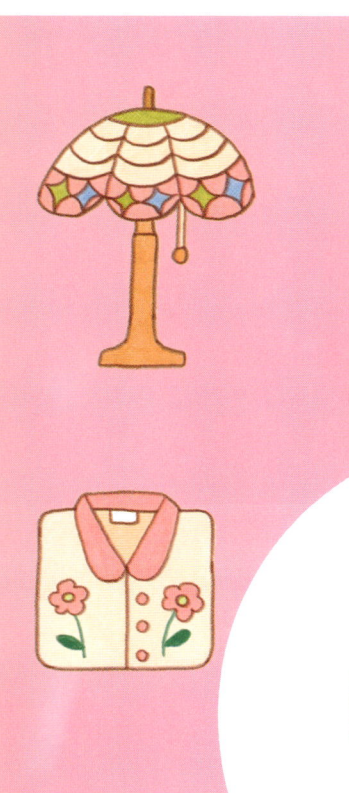

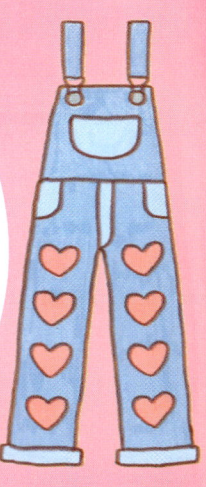

HOME

Bathroom

FACE MASK

PERFUME

EYESHADOW PALETTE

LIPSTICK

NAIL POLISH

TOOTHBRUSH

TOOTHPASTE

BAR OF SOAP

LIQUID SOAP

MAGNIFYING MIRROR

Kitchen

JAR

 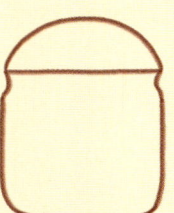 

MEASURING CUP

 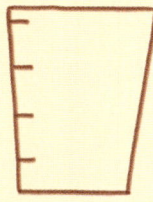 

TEA TOWEL

 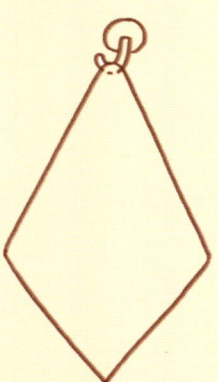 

COFFEE CUP

WHISK

 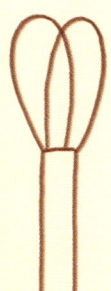 

BUTTER DISH

MUG

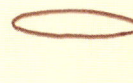 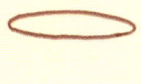  

SPATULA

GRATER

BLENDER

POT

SKILLET

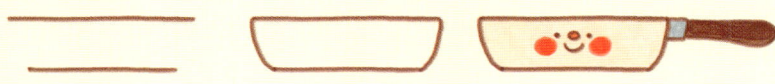

COLANDER

TOASTER

TEAPOT

ELECTRIC HAND MIXER

WOODEN SPOON

OVEN

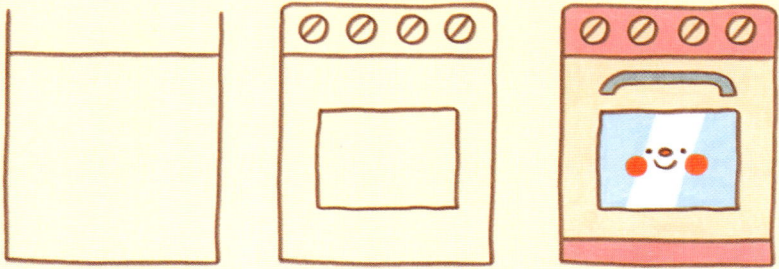

CASSEROLE

CUTLERY

OVEN MITT

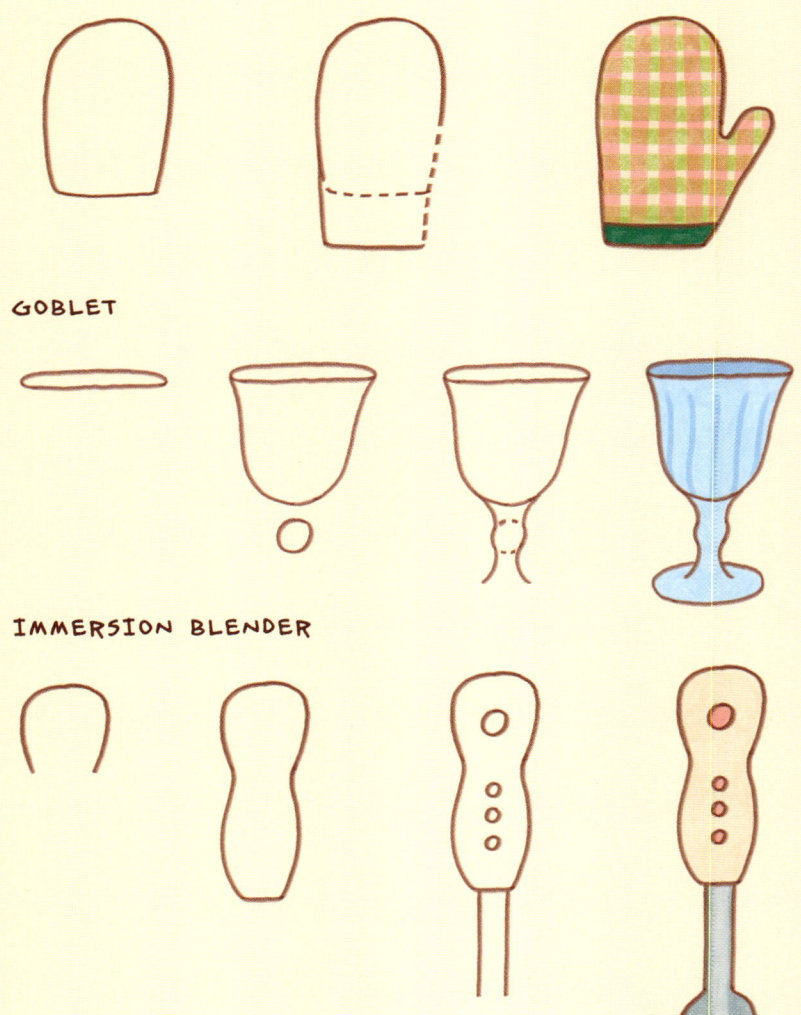

GOBLET

IMMERSION BLENDER

Breakfast

CEREAL BOX

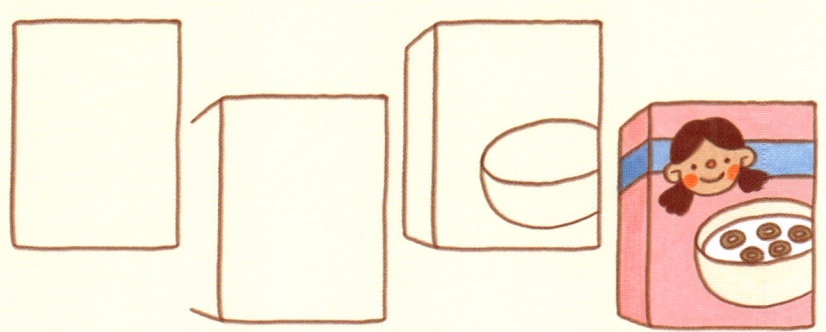

SOFT—BOILED EGG

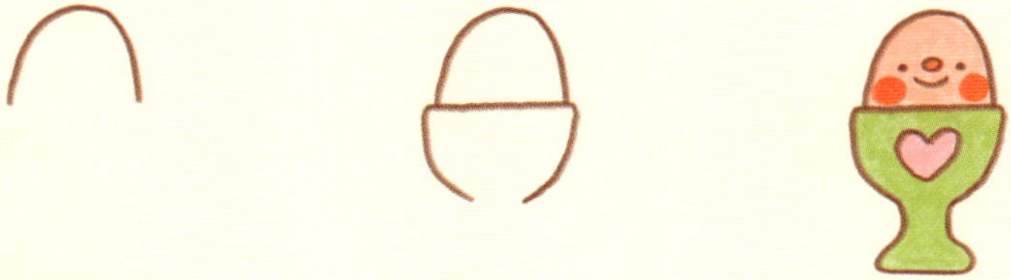

PANCAKES

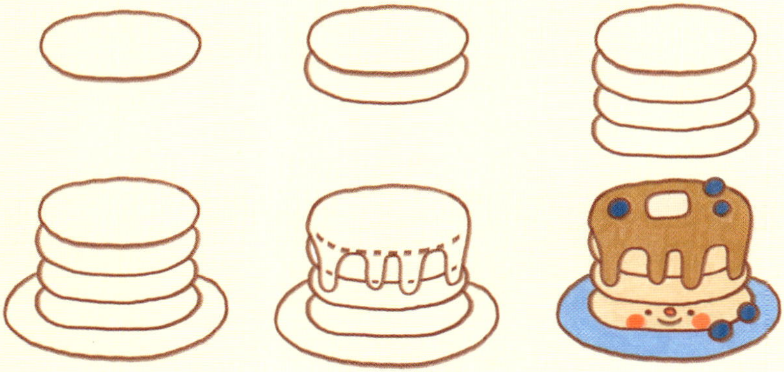

PLATE

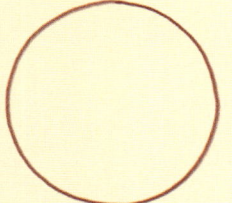 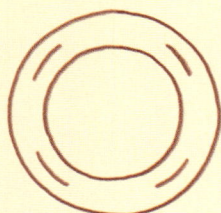 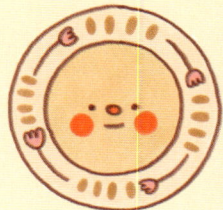

TOAST

 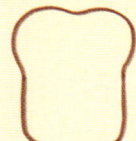 

AVOCADO

 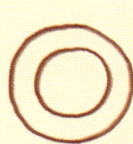  

FRENCH PRESS COFFEEPOT

TEACUP

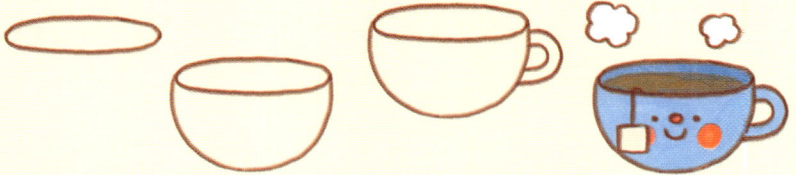

STRAWBERRY JAM

KIWI

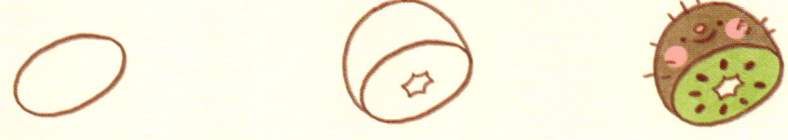

BREAD SLICE

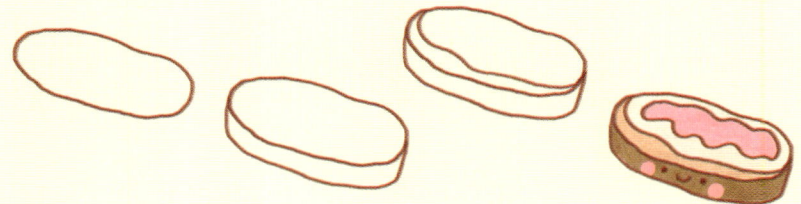

SALTED BUTTER

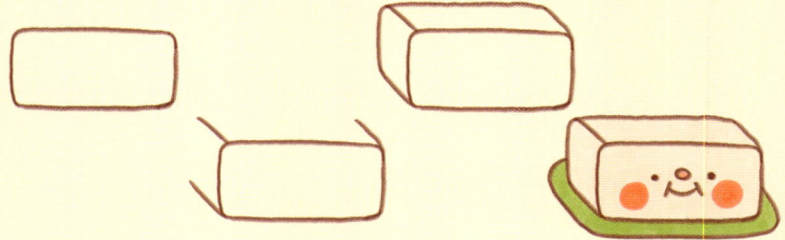

FRUIT JUICE

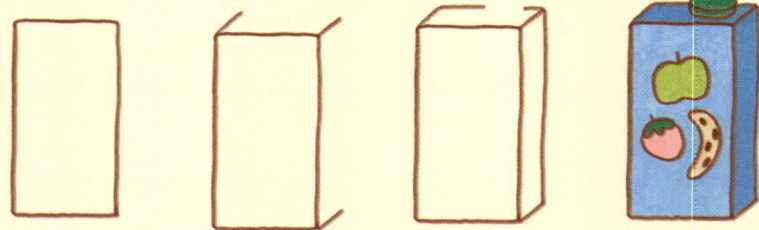

EGG CARTON

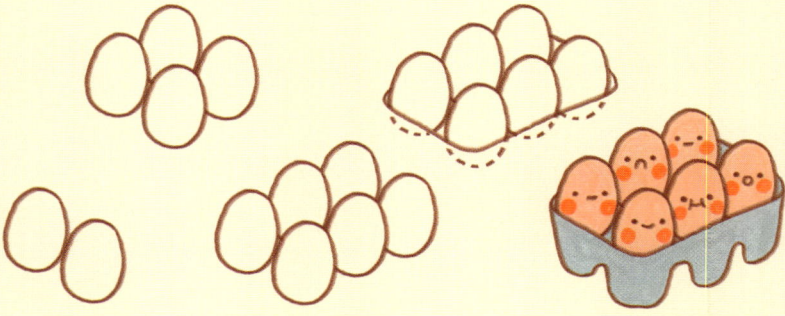

Decor

SHELF

CAT CLOCK

RING HOLDER

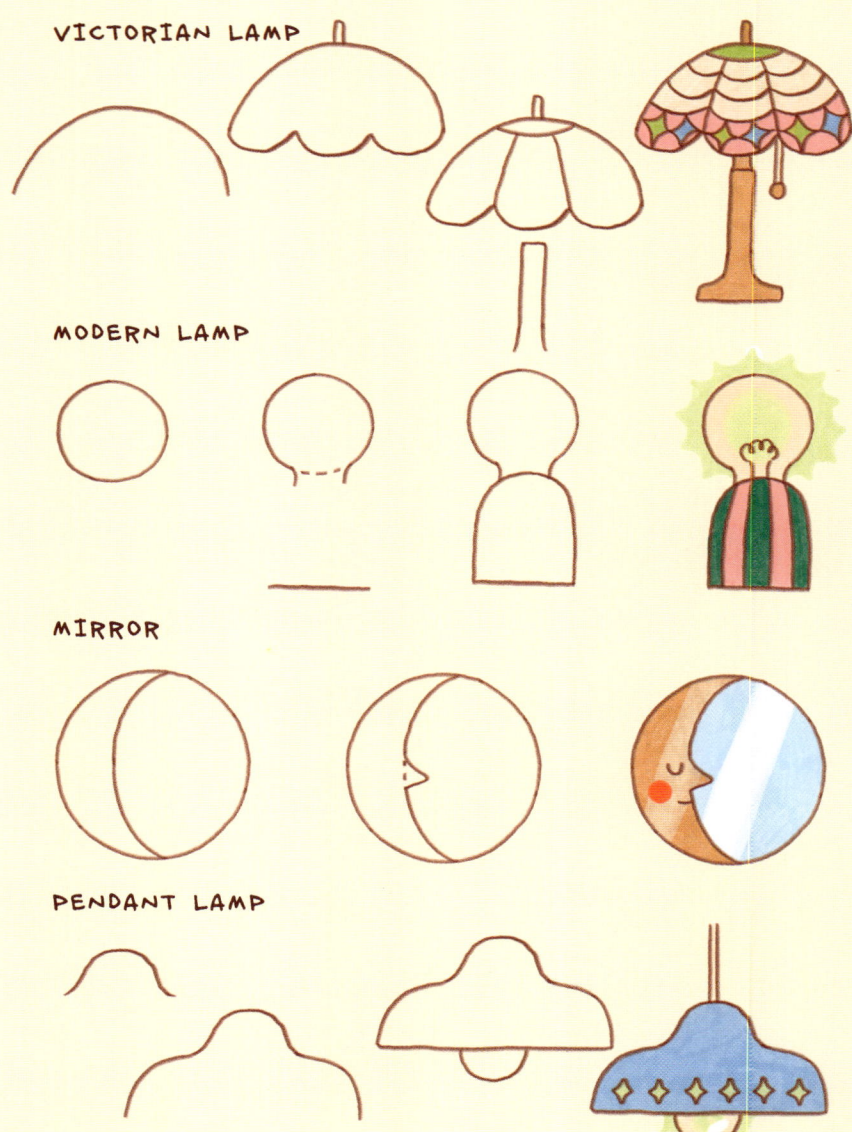

VICTORIAN LAMP

MODERN LAMP

MIRROR

PENDANT LAMP

VASE

 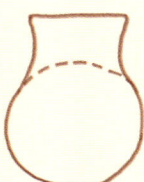  

MATCHBOX

CANDLE HOLDERS

     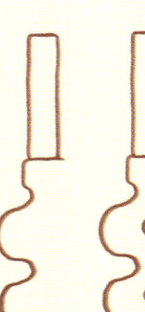 

Getting Dressed

OVERALLS

T-SHIRT

HIGH-TOP

COWBOY BOOT

BACKPACK   TANK TOP   CARDIGAN

FOLDED CARDIGAN

Home Office

SMARTPHONE

LAPTOP

HEADPHONES

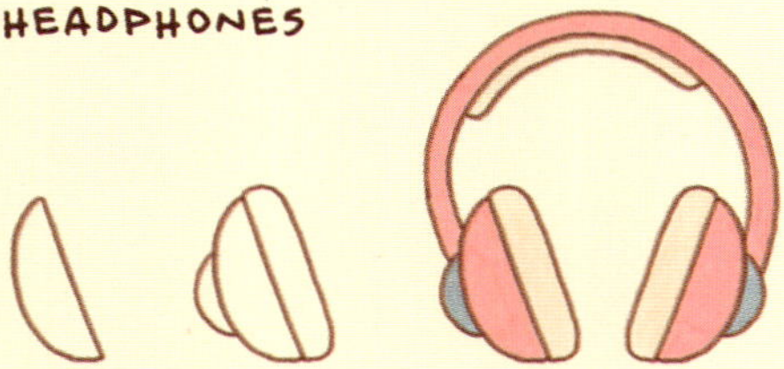

USB DRIVE

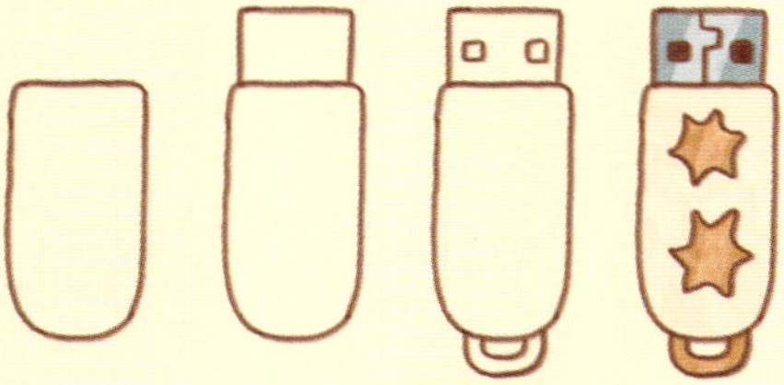

DESKTOP COMPUTER

MOUSE

PRINTER

TO-DO LIST

PENCIL HOLDER

KEYBOARD

Plants

POTHOS

MONSTERA

CHINESE MONEY
PLANT

CACTUS

RUBBER PLANT

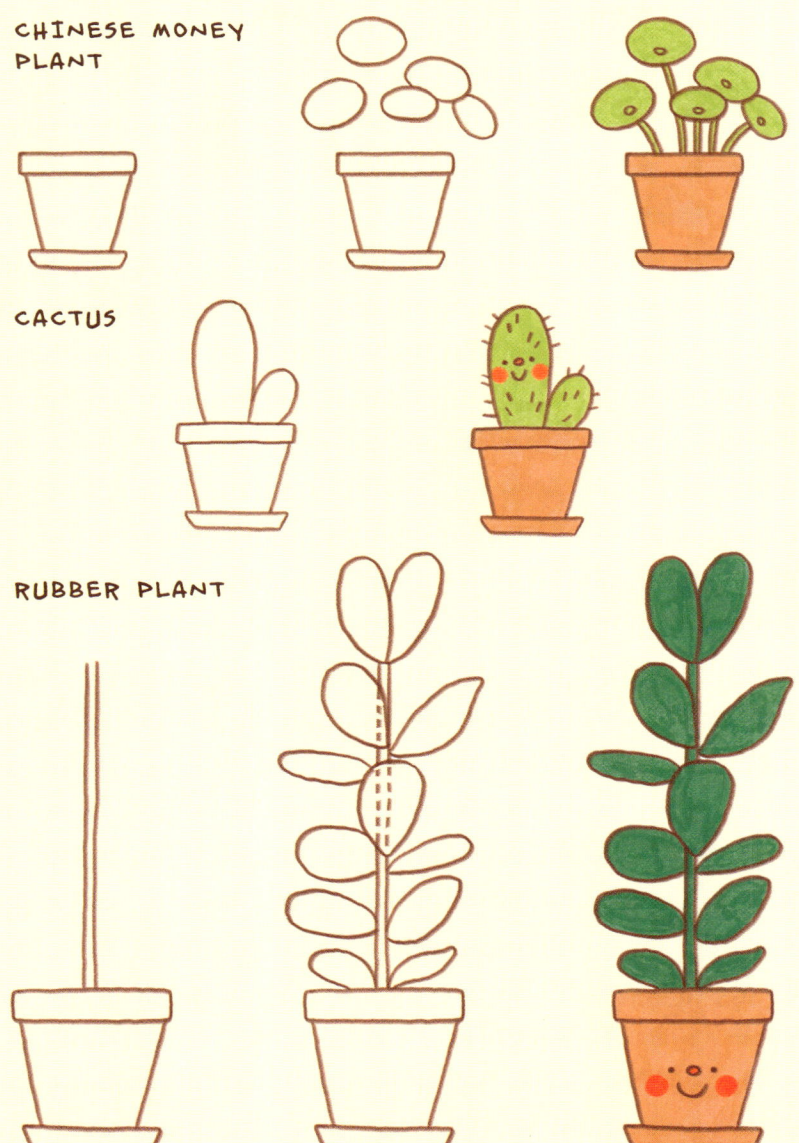

ZEBRA PLANT

SUCCULENT

POLKA DOT BEGONIA

SNAKE PLANT

Arts & Crafts

BALL OF YARN

BUTTON

SEWING MACHINE

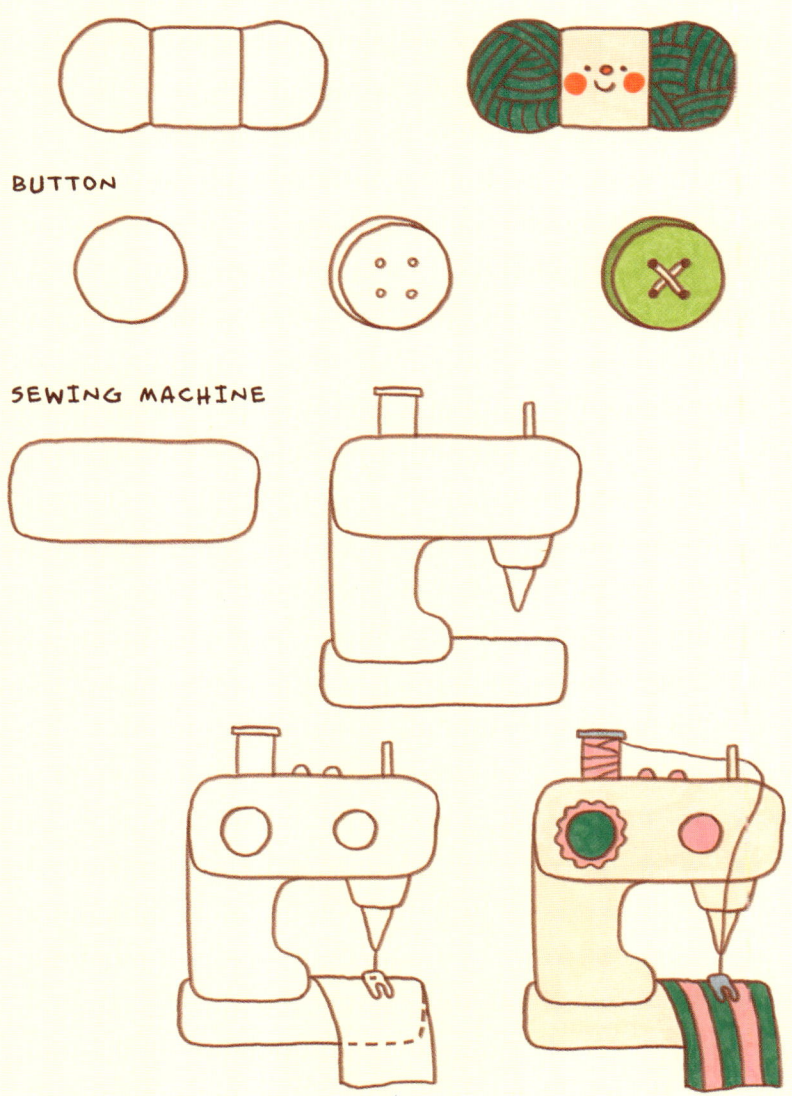

PINCUSHION

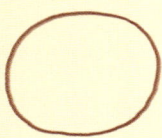  

INK

ERASER

PENCIL SHARPENER

 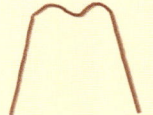  

PAINT TUBE

COLORED PENCIL

RULER

PEN

PAINTBRUSH

MASKING TAPE

PALETTE

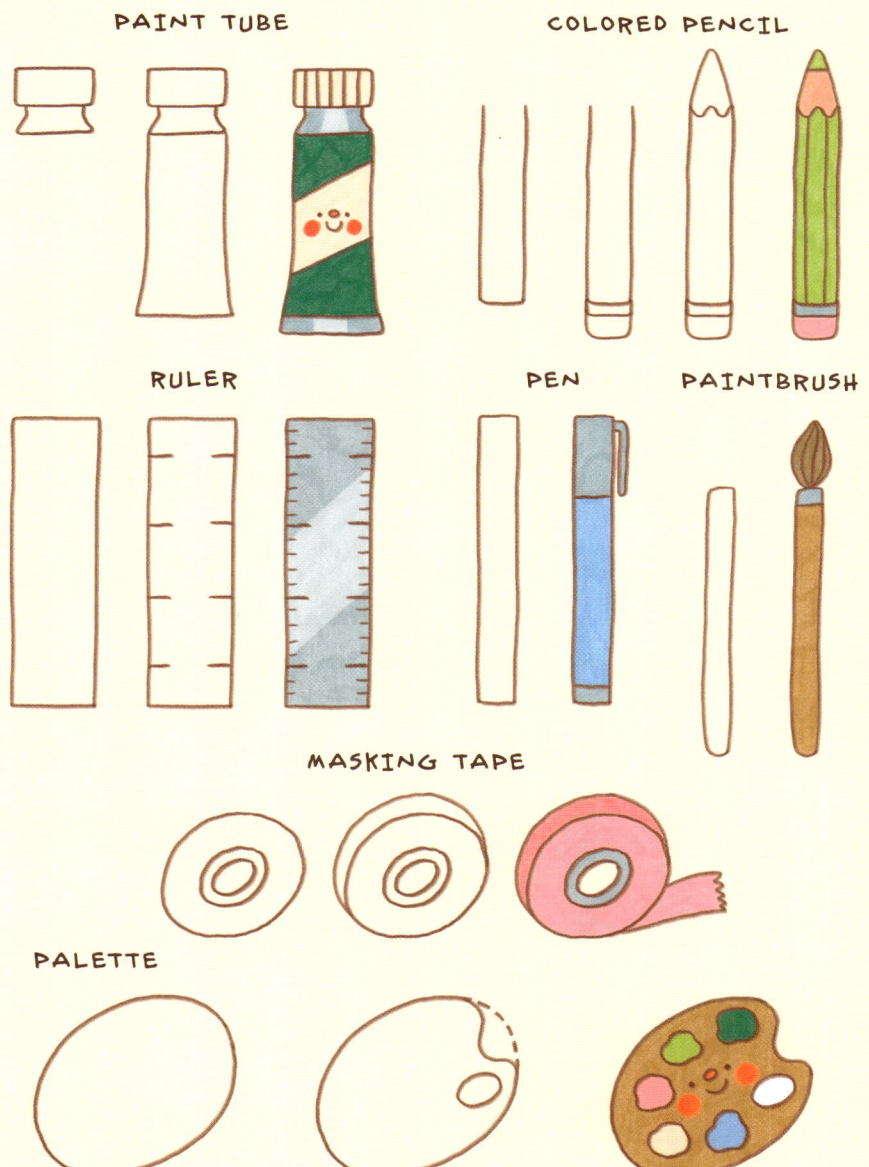

Toolbox

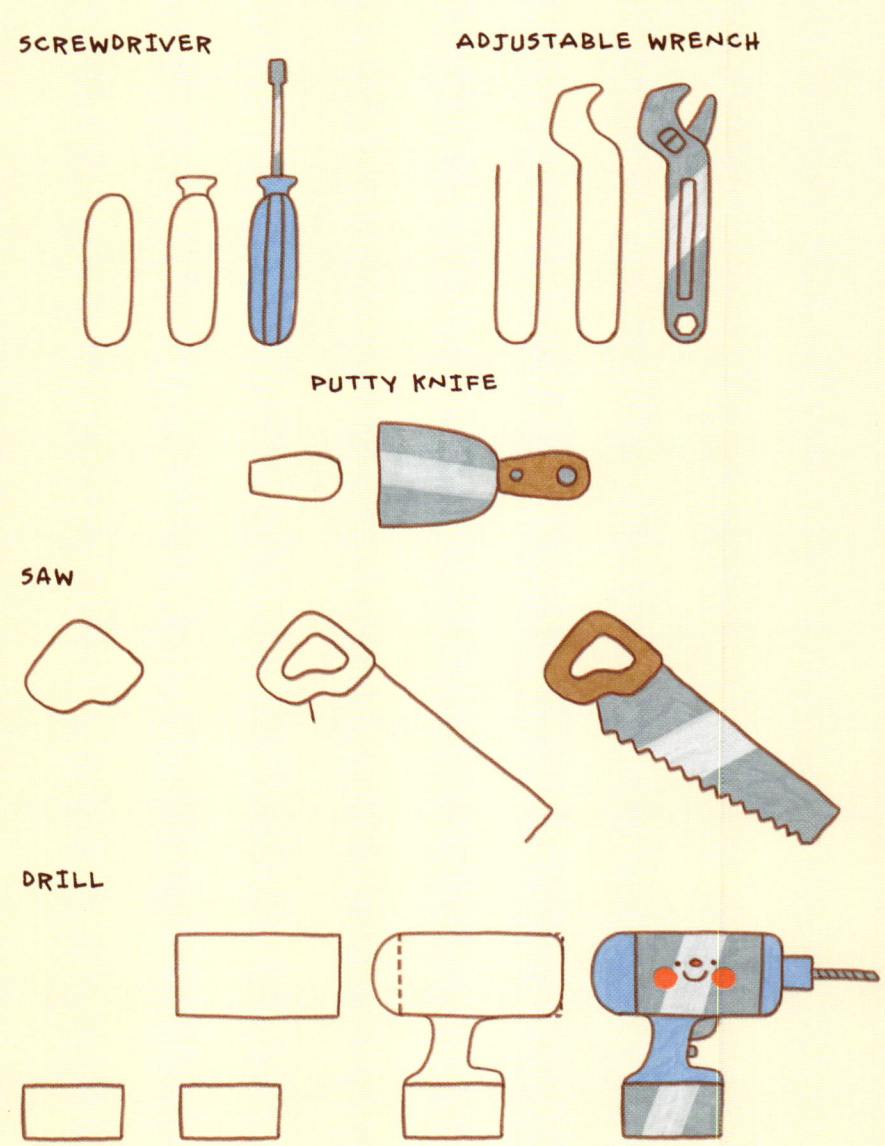

SCREWDRIVER

ADJUSTABLE WRENCH

PUTTY KNIFE

SAW

DRILL

MEASURING TAPE

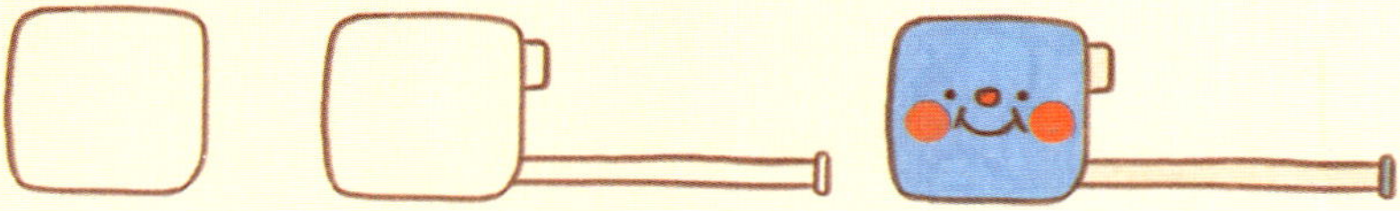

HAMMER

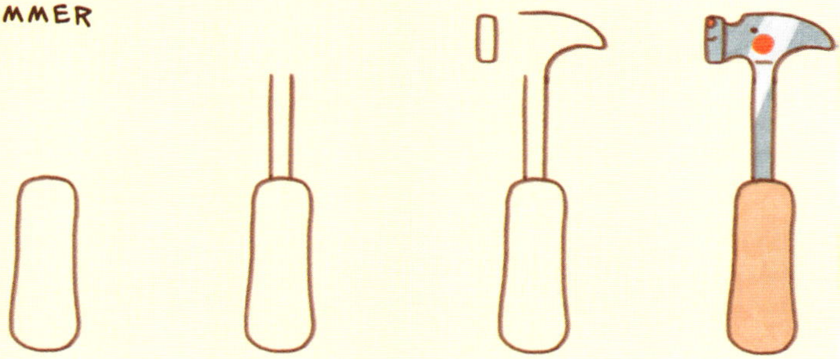

PLIERS

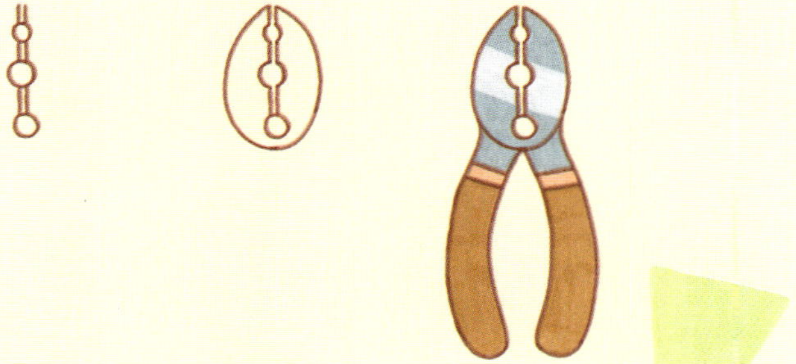

FLASHLIGHT

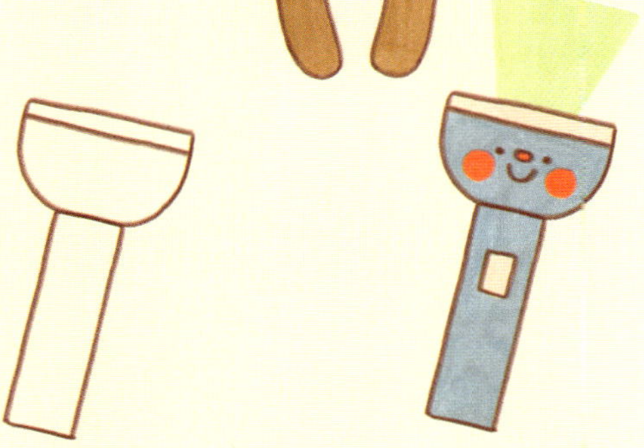

WRENCH

TOOLBOX

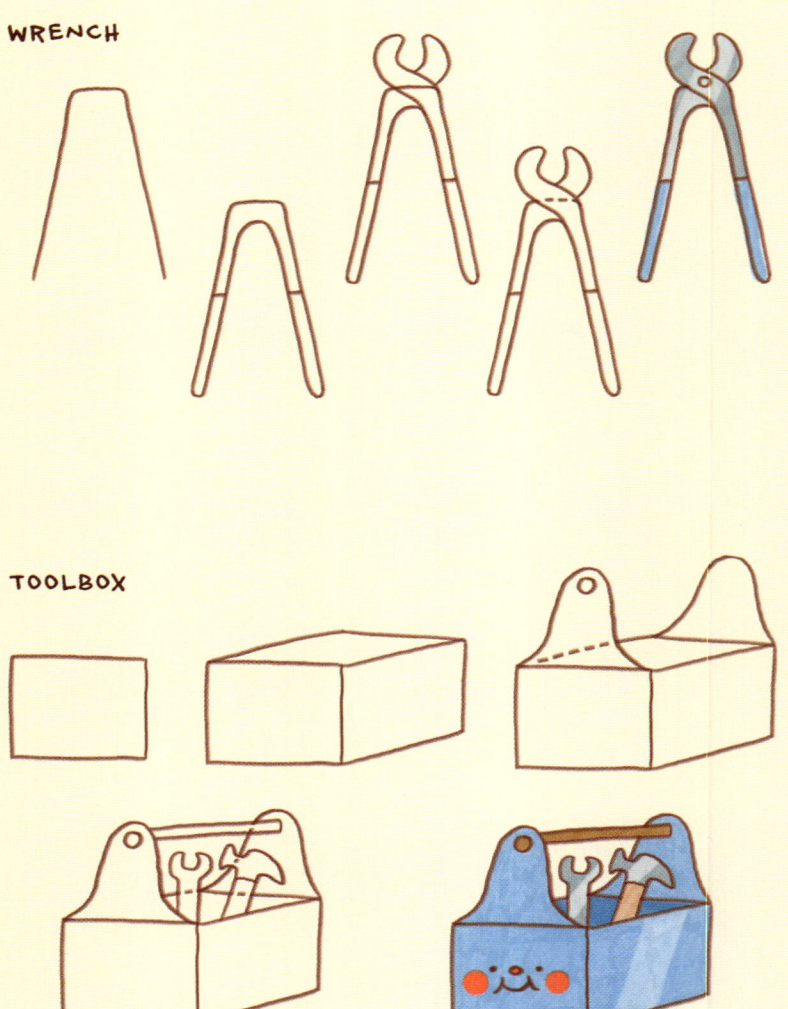

Party

DISCO BALL

PIÑATA

CARD

PARTY HAT

CONFETTI CANNON

BALLOON

PIECE OF CAKE

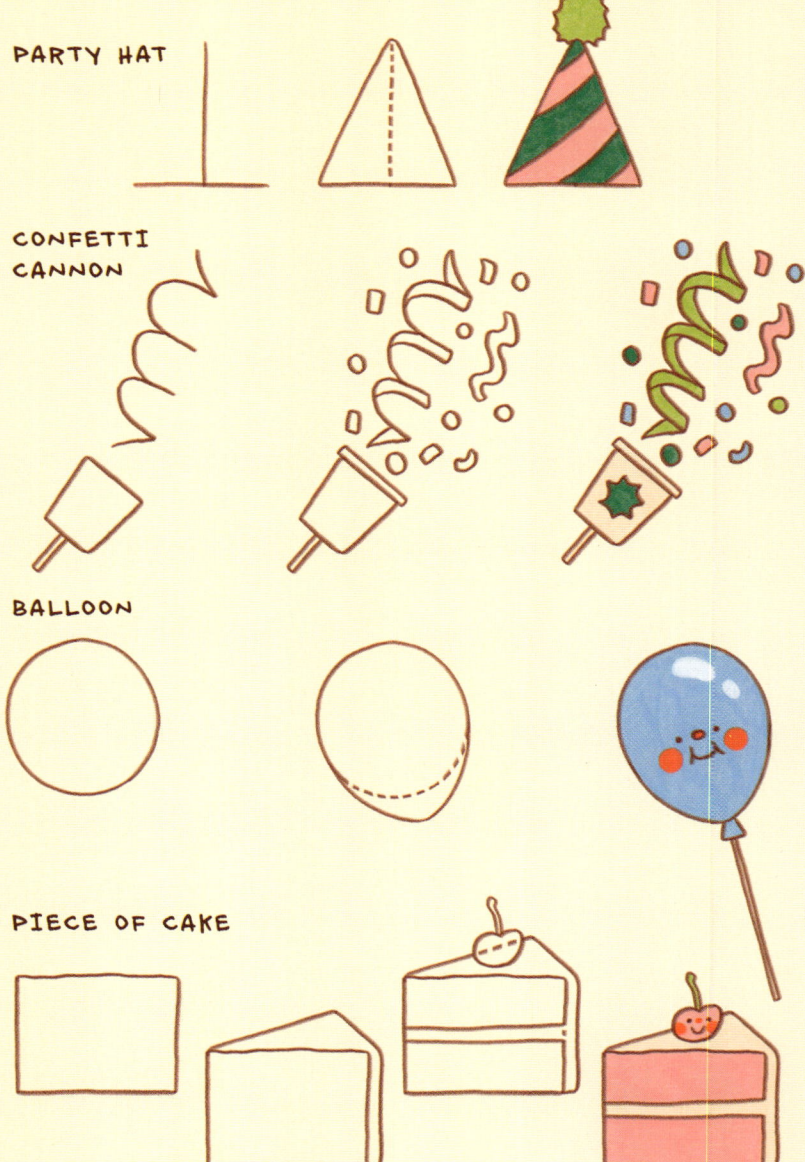

CHAMPAGNE TOWER

BOUQUET

 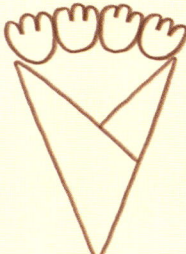 

BIRTHDAY CAKE

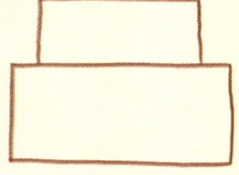 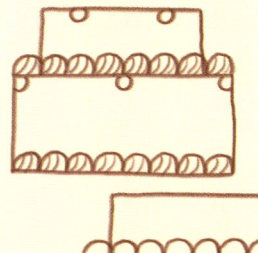 

ABCDEFGHIJKLMN
OPQRSTUVWXYZ

BONJOUR

INSPIRATION

 +  =

Variations

Throughout this book, I have shown you how to draw items one way, but there are a multitude of variations, so don't hesitate to research and innovate.

Flower Creations

I have shown you how to draw seasonal flowers, which are a graphic element you can play around with a lot! Anything is possible, and there are endless shapes for petals and centers . . .

As well as infinite possibilities for stems and leaves!

Mix & Match

One way to expand your imagination is to mix and match the items you've learned to draw. It's all about inventing new objects, animals, quirky characters, and more.

The possibilities are endless!

Friezes & Frames

A great way to decorate the pages of a notebook is to add drawings in the form of friezes and frames to adorn the text. This can be done with abstract shapes, but let's explore the figurative elements you've learned to draw and apply them in this way.

Above, for example, I created a forest theme with the bear head, the fir tree, and the hazelnut, repeating the pattern as a frieze. Below and opposite, I formed the same pattern into square and round frames to adorn text:

You can also link the elements together, for example, with a variety of plants:

Other examples of friezes:

You can also frame a text or drawing with a rectangular frame that has items in compartments, like a stained-glass window, with a Christmas or outer space theme, like below:

Patterns

Patterns add a lot of visual interest to drawings. You can create simple abstract patterns like I did in the tutorials (stripes, checks, polka dots, etc.), but you can also make them from the items you've learned to draw. Here are some examples of what you can do, but again, the possibilities are endless!

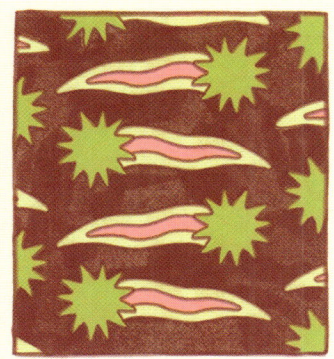

And then you can illustrate objects and clothes with patterns!

Typographies

I love decorating my notebooks with writing, taking care
to choose the style. I find that it enhances a page and sets
the tone. Here, I show you some ideas for using text for
embellishment! Let's start with a some different styles
of alphabets:

ABCDEFGHiJKLMN
OPQRSTUVWXYZ

ABCDEFGHiJKLMN
OPQRSTUVWXYZ

A B C D E F G H i J K L M N
O P Q R S T U V W X Y Z

ABCDEFGHiJKLMN
OPQRSTUVWXYZ

abcdefghijklmn
opqrstuvwxyz

abcdefghijklmn
opqrstuvwxyz

Then, you can have fun adding shapes, colors, frames . . .
There's no limit to the possibilities.

Characters

There's no better way to express your emotions than drawing a little character in your likeness. Let's look at the facial expressions you can add to represent all your moods:

CONTENT

HAPPY

LAUGHING

DETERMINED

SATISFIED

EXCITED

NERVOUS

IRRITATED

SURPRISED

DISAPPOINTED

SCARED

SAD

ENAMORED

CURIOUS

DISGUSTED

NEUTRAL

IMPRESSED

PERPLEXED

BLASÉ

ASLEEP

And why not represent your character in their entirety?
Here is one last little tutorial to show you how to draw a
complete person:

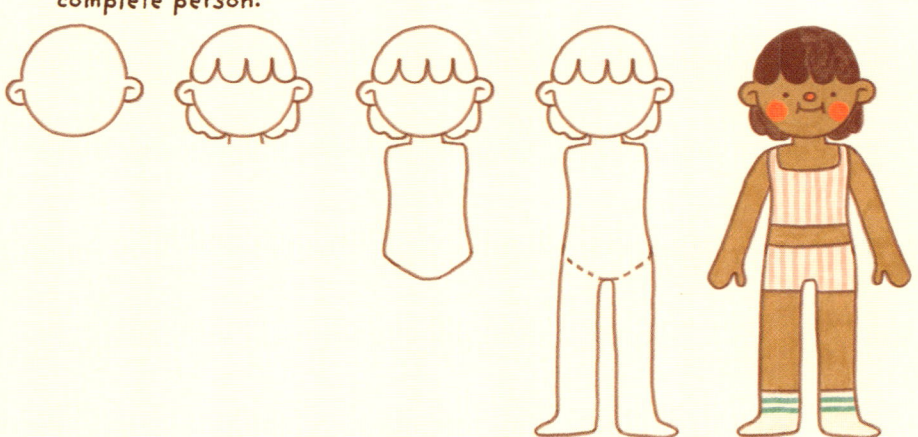

You can then make them jump, sing, walk, dance, run . . . Feel
free to use reference photos to help you draw different poses.

Tutorial Index

About the Author

Kelly Keko is an illustrator who works from her studio at Les Mains Rebelles in Bordeaux, France. Her colorful creations brighten everyday life, drawing inspiration from Japanese culture, astronomy, the aesthetic of magic, and the changing seasons, with a particular fondness for autumn. Her illustrations, imbued with gentleness and charm, immerse the viewer in a dreamlike world, awakening childhood memories and imagination in everyone. Her website is www.kellykeko.com.

10 9 8 7 6 5 4 3 2 1

ISBN: 978-1-57715-861-5

Library of Congress Control Number: 2025950838

Publisher: Rage Kindelsperger
Creative Director: Laura Drew
Editorial Director: Erin Canning
Managing Editor: Cara Donaldson
Text and Illustrations: Kelly Keko
Cover and Interior Design/Layout: Beth Middleworth

Printed in Huizhou City, Guangdong, China TT012026